从龙马负图 到永怀希望

曾仕强 著

民主与建设出版社
Democracy & Construction Publishing House

图书在版编目（CIP）数据

易经的智慧合集/曾仕强著. --北京：民主与建设出版社，2016.4（2025.4重印）
ISBN 978-7-5139-1069-9

Ⅰ.①易… Ⅱ.①曾… Ⅲ.①《周易》-研究 Ⅳ.① B221.5

中国版本图书馆 CIP 数据核字（2016）第 081321 号

易经的智慧合集
YIJING DE ZHIHUI HEJI

责任编辑：	顾客强
出版发行：	民主与建设出版社有限责任公司
电　　话：	（010）59417749　59419778
社　　址：	北京市朝阳区宏泰东街远洋万和南区伍号公馆4层
邮　　编：	100102
印　　刷：	河北环京美印刷有限公司
版　　次：	2016 年 4 月第 1 版　2025 年 4 月第 2 次印刷
开　　本：	710mm×1000mm　1/16
印　　张：	107.75
书　　号：	ISBN 978-7-5139-1069-9
定　　价：	680.00 元（全 6 册）

注：如有印、装质量问题，请与出版社联系。

目 录

第一百二十一集	龙马负图	1
第一百二十二集	神龟载书	11
第一百二十三集	天人合德	23
第一百二十四集	以人为本	35
第一百二十五集	行旅之道	47
第一百二十六集	旅居之要	57
第一百二十七集	柔得其宜	67
第一百二十八集	谦顺有为	77
第一百二十九集	和悦相处	89
第一百三十集	乐观人生	99
第一百三十一集	当散即散	111
第一百三十二集	重聚人心	121

第一百三十三集	卦中有卦	131
第一百三十四集	自占自解	141
第一百三十五集	调节得宜	151
第一百三十六集	政通民和	161
第一百三十七集	广施诚信	173
第一百三十八集	诚心不妄	183
第一百三十九集	宽留余地	195
第一百四十集	顺势而为	205
第一百四十一集	守成艰难	215
第一百四十二集	福过灾生	225
第一百四十三集	审慎进取	235
第一百四十四集	永怀希望	245

易经的智慧 · 第一百二十一集　龙马负图

《易经·系辞》中说:"河出图,洛出书,圣人则之。"1987年出土的安徽含山龟腹玉片,则为洛书图像,可见河图洛书的传说并非虚言。那么河图洛书到底是何人所绘?为什么几千年前的图像,会蕴含着阴阳、五行、方位,如此众多的信息呢?

第一百二十一集　龙马负图

我们为什么把《易经》叫作天人之学？其实跟河图洛书的传说有很大的关系。为什么在黄河滚滚的水流当中，会突然出现这么一匹很奇怪的龙马，既不像龙也不像马，它的肚子旁边有这些记号（图121-1），是谁弄的呢？后来又说，这是老天给我们的，也就是我们后来讲的"天垂象"。老天在很多地方都予以垂象，而且还生怕人看不懂，便干脆弄了些更奇特的象，以便让人们更方便地看出来。

河图

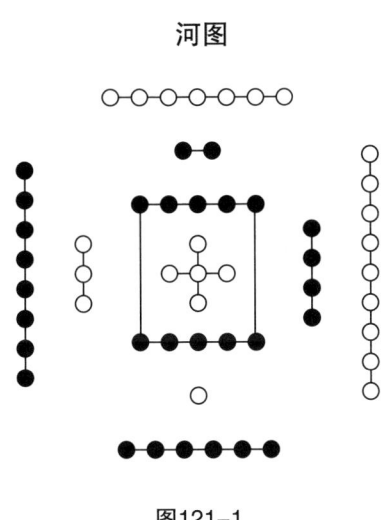

图121-1

果然世人看了以后，就觉得这不是一般的现象，一定有很特别的意义，要好好地去悟。白点里面好像有一、有三、有五、有七、有九，这都是数。所以，我们从象里面就找到背后那个数字了。一、三、五、七、九是奇数，是阳数，也叫作天数，所以有天一、天三、天五、天七、天九。

黑点是二、四、六、八、十,刚好就是偶数,是阴数,也叫作地数,所以有地二、地四、地六、地八、地十。越看越有秩序,用现在的话来讲,越看越有它的系统跟逻辑。一定不是随随便便弄出来的,是老天有意要告诉我们一些大道理。

我们再把整体的河图看一下,一跟六是一对,二跟七是一对,三跟八是一对,四跟九是一对,五跟十是一对。而一跟六相差五,二跟七相差五,三跟八相差五,四跟九还是相差五,五跟十当然也是相差五。每个地方阴阳相差的数都是五,所以五摆在中间,五就变成整个河图的核心,也是《易经》的核心。因为一个人一只手伸出来有五个手指头,充其量只能用五个手指头,但五个手指头就可以掌握全体,因此人才是万物之灵。

一边五个,合起来十个,这不是很巧合吗?天一、地六相差五,地二、天七还是相差五,天三、地八,地四、天九,天五、地十,通通差五。我们中国人对这个五是非常重视的,比如我们经常讲队伍。要知道,可以完全控制的团队才有资格叫队伍。否则就不叫队伍,叫队六。因为它溜来溜去的,根本就抓不住,这怎么有资格叫队伍呢?

可以完全控制的团队才有资格叫队伍。
——《易经》的智慧

通过河图的象,我们看到了数。但是数又是从何而来的呢?河图歌中说:天一生水,地六成之。这不禁使我们困惑,天一为什么会生水?地六又如何能成之呢?

天一怎么会生水呢?为什么还有地六去成之呢?看到这里我们就悟到,原来象也不是最初的东西,数也不是最初的东西,最初的东西就是气。比如人一生下来,一口气不来就完了,什么都没有。人活着也是一样,活着就是一口气而已。所以为什么中国人到最后都讲要争气、要争

第一百二十一集　龙马负图

气。因为气到哪里数就到哪里，气到哪里，气数一成，那个象就出来了。

我们常常讲气象万千，什么意思呢？就是告诉我们气是千变万化的。所以孔子讲得很清楚：**在天成象，在地成形，变化见矣**。气在天叫作象，在地就叫作形。形是比较偏重于物质方面的，象是比较偏重于精神方面的，它是能量的东西。我们看天上，除了气象以外还有别的吗？没有了。如果天上有物质，一定会通通掉下来，说不定还会伤害到人。而地上差不多都是物质，如果变成气的话，就升到空中去了。

地上的物质会变成气，然后升到天上变成象，象再下来……这样就构成天地之间的循环往复，我们人类才有办法生存。我们都知道天垂象时时刻刻都有，但是最具体的是什么呢？就是河图洛书。河图从哪里来我们不知道，龙马到底有没有也不知道，反正我们把它看成天垂象应该就可以了，天垂象就是老天把河图洛书给人类展示出来。它所表现的不是文字，当时哪里有文字？有文字人类也看不懂，它就是一个数。

数又从哪里来？怎么会有数呢？数由气来，所以叫气数。三国时代孔明想尽办法要火烧上方谷，终于把司马懿父子诱进了上方谷，司马懿都知道完了，今天一家人都要死在这里。但是顷刻之间老天下起了暴雨，雨量之大，把所有的火瞬息之间就浇灭了。诸葛亮讲"汉室气数已尽"，就是在讲气数。

没有气，哪里有数？没有数，怎么会有象呢？所以这些都是连在一起的。气有阴有阳，这是我们说的两仪。气里面有阴有阳，所以我们叫作阳气、阴气。我们每天都在讲这些，实际上都是《易经》里面的东西。这个两仪，如果阴和阳分离，那就阴归阴，阳归阳，没有什么作用了，所以两仪要化合。太极生两仪叫作一分为二，两仪化合就是二合为一，这两个要同时都进行。两仪化合，就会变成金木水火土五行。

河图中的图像之所以被称为"天垂象"，是因为它所呈现出来的图像，就是大自然中的现象。我们认真观察自然，就能够理解什么是数，什么是气。但是，中国传统文化中常说的五行，又该如何理解呢？

什么叫五行？行就是气在流行，没有气怎么能行呢？气代表天地之间万事万物运行的力量。而这个力量是有方向的：大家看到水的方向是向下的，所以水就代表气向下流的那股力量；火是向上的，所以火就代表气向上冒、向上行的那股运行的力量；树木枝叶是向四方八面扩散的；金是由四方八面聚在一点里。一个向内，一个向外，一个向上，一个向下，就四个了。还有一个就是平衡而不倾斜的土，凡是四平八稳运行的力量都叫土。所以中国人最自豪的就是我们是中土，我们是中原。这个我们要慢慢去了解。

气的运行不可能没有方向，有了方向，无论走东南西北中，还是上下左右中，都是五，所以叫五行。不要把五行解释成五种构成的基本元素，也不要解释成五种构成的基本物质，它是气运行的方向。所以宇宙万物，最初是从气化来的。什么叫气化？就是物质变成能量的过程。

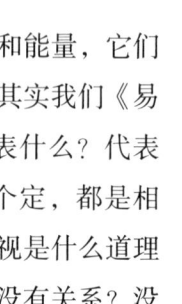

凡是四平八稳运行的力量都叫土，所以中国人最自豪的就是我们是中土，我们是中原。
——《易经》的智慧

气化包括什么？包括有形的质和无形的能，也就是物质和能量，它们同时存在。西方一直到爱因斯坦才弄清楚：质能是互变的。其实我们《易经》老早就讲阴阳互变，阴极会成阳，阳极会成阴。阴代表什么？代表物质。阳代表什么？代表能量。一个生一个死，一个动一个定，都是相对的，所以我们比较主张不太过于重视五行的生克。不太重视是什么道理呢？因为它不可能固定，它是一种生化作用。比如土跟什么没有关系？没有土，水能成形吗？我们看到一个河流，看到一个小池塘，看到一坛水，都知道它有泥土才能够成形。火把东西烧了以后就变成土了，金就埋在土里面，树木也是从土里长出来的。它们彼此之间应该是一个生化的作用，不要太过强调生克，应该比较好。

原来是气的运行方向造成了五行，可见五行是相辅相成的。如果把五

第一百二十一集 龙马负图

行理解为金木水火土五种各自独立的物质，是不准确的。但是，金木水火土和东西南北中，又是怎么相配的？我们为什么说篮子里可以放"东西"，而不说放"南北"呢？

那么东南西北中是怎么配上去的呢？我们可以看一看，天一生水，为什么要地六成之？大家都经常讲一个词，叫气质，比如说某个人气质好。其实天一就是气，地六就是质，这样大家慢慢就了解了。

气是从地上升起来的。太阳把地下的水变成水蒸气，然后让它上升；上升得越高越冷，阴极成阳，然后就变成水，最后就掉下来了……循环往复，以至无穷。这样，我们中国人所有的观念都出来了。

阳气会上升，阴气会下降，所以天一生水，因为水是北方的；地二生火，所以火是南方的；天三生木，木是东方的，东方是太阳出来的地方，太阳一照到，树木才会顺利地成长。

有水、有土，如果没有太阳的话，这个树木也很难活。西方多雨，凡是多雨的地方都产金。中央叫作中土，所以我们都很自豪：中土珍贵，生在中土实在难得（图121-2）！所以身为一个中国人应该感觉到很了不起，因为所有好的元素都被我们占到了。

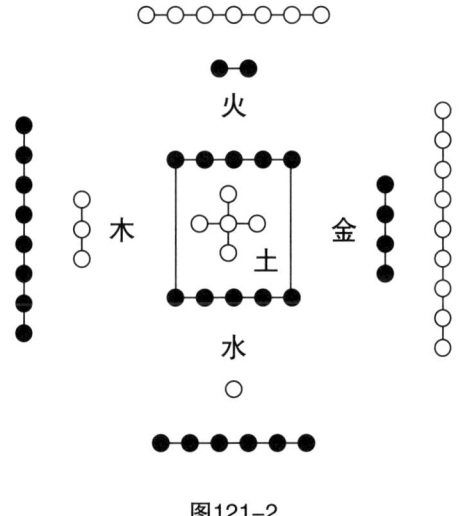

图121-2

说到人的气质，气就是阳，就是精神，质就是身体，就是阴。身体很强壮，精神自然好了；精神好的人，多半身体也不错。从这里我们就知道，原来就这么很简单的几个点，就能让我们得到很大的启发：人要读书，不是凭记忆，也不是完全凭理解；要好好去悟，要用心去悟，要不然怎么读得通呢？

至于天地，天南地北我们则很熟悉。南、北定位以后，东、西马上就明确了。天如果在下面，地就到上面去了，东就到右边去了，西当然就到左边去了。为什么国际上都讲指北针，只有我们讲指南针呢？原因就在这里，黄帝当年就是用指南针。只有中，无论怎么样，它都不会变。所以这个中央土到最后就变成《易经》里面一个不变的部分，叫作不易。万变不离其"中"，就是这个土不能改。

我们从河图可以看到，东方是木，西方是金，所有东西大部分都是木性和金性的，组合成的物件就叫"东西"。而南是火，北是水，水与火则合不到一起。用火来烧水是可以的，但是要是把火和水来组合成一个物件恐怕很难，所以就不成东西。因此我们只能把物件叫东西，而不能叫南北，也就是根据这个来的。如果我们跟人说：你把那个"南北"拿给我，别人就听不懂了。

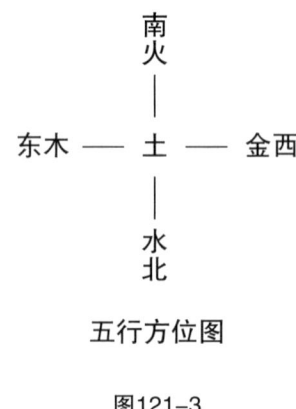

五行方位图

图121-3

由河图去了解《易经》的理、气、象、数，我们可以得到很多东西。

第一百二十一集　龙马负图

但是我们把这个大致做一个介绍就行了,最终还是要从易理开始。大家明白《易经》的道理,就不会对象、数着迷,不会一头钻进去就出不来。

从汉朝以后我们看到太多的人,都是一头钻进去就出不来。所以才有个王弼大力地"扫象",他说这些通通都是乱七八糟的东西。其实也不必如此了,因为我们现在知识都很丰富,判断力也比当时要好得多,所以不要过分地害怕,把它们合并起来研讨是没有问题的。有些东西,我们当然应该努力予以导正。

传说河图洛书是《易经》的源头。那么通过对河图的分析我们可以看到,《易经》的基本原理是非常简单的,河图中的黑点白点,也就是《易经》中的阴和阳。那么如此简单的黑点白点,怎么能够构成我们看到的,绚丽多彩的大千世界呢?

如果没有学习《易经》,要解释经典是很困难的。因为只能从字面上去解释,找不到根源,不知背后的道理在哪里。看了河图以后,我们会觉得:就那么几个黑白点,怎么能有这么多变化呢?中国人常讲,做件好事记个白点,做件坏事就是个黑点,那都不是凭空讲的。现在的电视有黑白颜色的,原理也是非常简单的。灯亮了,电视就变白了,灯不亮了,电视就变黑了,就是太极生两仪的一个产品。太极生两仪,两仪生四象,后来慢慢变八卦、十六卦、三十二卦,然后彩色就出来了。到了六十四卦的时候,那个彩色就非常的鲜明,非常的自然。我们从电视的演进,可以体会到,从太极到六十四卦是非常自然的东西,完全没有人为的痕迹。

因此我们说,人类不要老是觉得自己在创造发明,没有那回事。我们就是向自然学习,都是以自然为老师。所以我们现在要记住,任何事情都要用自然来做衡量的标准,合乎自然的可以做,不合乎自然的最好不要做。因为我们现在觉得很好,可是不知道后果怎么样,等到有一天知道后果是那么坏的时候,已经来不及了。后悔没有用,一开始就要注意,做什么事情,都要看看合不合乎自然。所以我们最后才会讲,顺其自然,而不

是听其自然。顺其自然还要加上人为，不是说听其自然就什么都不管了，那是不负责任。我们要很积极地去做，但是不要乱做，乱做就很糟糕，就叫作造孽。我们要顺着自然的规律，同时要努力地去做，而最后结果又听自然的，这就叫作听天命。

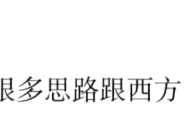

任何事情都要用自然来做衡量的标准，合乎自然的可以做，不合乎自然的最好不要做。
——《易经》的智慧

这样，我们就对中国的思想完全地了解了。因为我们很多思路跟西方人是不一样的。如果我们总是分不清东方与西方的思维方式，就会出现内心的矛盾，就会出现现在人最大的痛苦：嘴巴所讲的心里头不认同。

这样我们才知道，一个人是不是中国人，就看他有没有中华文化的素养，认不认同中华文化。在日常生活当中，如果我们的一举一动，都能把中华文化发扬出来的话，就已经是在平天下了。很多人总觉得平天下不可能，怎么可能平天下呢？你去到美国，人家一看，哎，这个人怎么跟我不一样？你去到德国，人家一看怎么跟我不一样？就算你在中国，也有很多外国人来，人家一看怎么跟我们不一样？这样你就在平天下了。

易经的智慧·第一百二十二集　神龟载书

中国民间传说黄河出龙马负图，称河图，洛水现神龟载书，称洛书，而河图洛书就是《易经》的起源。那么，为什么龙马出自黄河，而神龟出自洛水？为什么河图中黑白点的数字，是从一到十，而洛书中黑白点的数字，却是从一到九，没有十？我们又该怎样理解洛书所呈现的图像呢？

第一百二十二集　神龟载书

我们今天很自然地就能讲出图书这两个字，实际上图是图，书是书，图是图像，书是书纹。当然这"文"最早是加上绞丝旁，因为那时是指花样，还不是指文字。河图用的是图，洛书用的是书，所以叫河图洛书。然后，河洛文化里面便有图和书。

史书记载的神龟负书，这只神龟不在黄河里，而是在洛水里。为什么不在黄河里了呢？如果通通在黄河里，就让人们感觉到：什么事情都是固定的，就没有变化了。为了让我们知道既有不易，又要想到变易，既有固定，又要想到不定，有变就会有不变，有不变就会有变……所以，神龟不选黄河，而选洛水，并且不再是用在黄河出现过的龙马。如果又是一只龙马出来，那人们也就不去注意了，所以这次用神龟。龙马是用身体负图，如果在头顶负图空间也不足，人们也不能够注意。而龟就不同了，因为在龟的旁边没法刻东西，所以只有在龟甲上面才可以有一些花样，人们就把它叫作洛书。为什么不叫洛图了呢？就是让我们从这里感受到，要有点区别，要有点变化，要有点不一样。

这样我们慢慢就了解到：河图是经，洛书就是权；河图是先天，洛书就是后天；河图是体，洛书就是用。

河图有河图的歌，而洛书呢？当然也有，但是不一样。不过洛书没有讲天地，因为天地已经形成，没有必要再讲。现在就是这只神龟，让我们看到如下的数字（图122-1）：**戴九履一，左三右七，二四为肩，六八为足，五在中央。**

我们先看第一句话，戴，就是戴帽子的意思，可见是在上面。上面是个九，可是没有九字，就是九个白点。为什么要用白点呢？因为它是阳数，是天数，是奇数，所以用白点。如果连这个都变的话，人类就乱了，什么都搞不清楚了。可见该变的才可以变，不该变的是绝不能变的。戴就是上面戴着九这个数字，用九个白点来表示。履就是脚踏，就是指下面。下面是一，用一个白点，因为它也是天数，也是奇数，也是阳数。上下都是阳数，左三、右七也是阳数。其中的道理需要我们慢慢来体会。

洛书

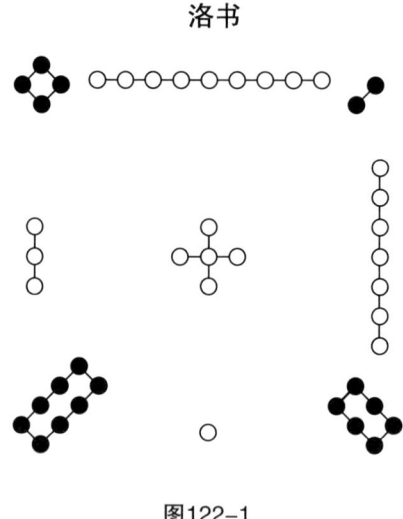

图122-1

二四为肩，在肩膀上两边扛的是二与四，就是阴。所以二就用两个黑点来表示，四就用四个黑点来表示。六八为足，底下的旁边一个六、一个八，也都是黑点。最后这句话跟河图一模一样，它说五在中央，中央不能变。那么十跑到哪里去了呢？只有一二三四五六七八九，十没了，这个可是更重要的区别。同样是天垂象，可是河图它有十个数，而洛书就九个数，这是什么道理呢？

河图洛书常常相并而提，不仅同为天垂象，而且也共为《易经》之源。河图的图像由黑白点组成，洛书的图像也由黑白点组成，如此相同之河图洛书，却为何数字不同？又为何图像不同？这不同之处，又蕴含着怎样深刻的道理呢？

第一百二十二集　神龟载书

我们先来看看当年的大禹，他为什么把天下分成九州呢？我们以前都讲天下九州，大概就是从一二三四五六七八九得来的，那么洛书就把天下分成九块了。一个龟背上面是九个数的麇集，有黑有白，看起来很乱，实际上很有条理。中华民族是乱中有序，从这里就能看得出来。表面上中国人很乱，但是内在却井井有条。如果看不懂就显得很乱，如果看懂了，就知道是非常有道理的。

河图告诉我们的是从一到十，比如两只手就是从一到十。可是洛书告诉我们，其实九个数就可以用得好好的，因为八九不离十。像这些都跟我们的民族性有着很密切的关系。

至于洛书的象，跟河图倒是没有什么两样，反正不是白点就是黑点。而且白点的都是单数的，都是奇数的，都是阳，我们把它叫作天数。那为什么河图歌里面分天数、地数，洛书里面却没有分天数、地数，而只有数字呢？这是很简单的问题，因为河图已经讲清楚了，洛书再重复就没必要了。洛书里面的一、三、五、七、九，人们一想就知道是天数了。洛书里面的二、四、六、八，那就是阴数，就是地数。这样我们才能了解，为什么中国人讲话能省就省，没有像西方那样一定要主词、动词、时态变化，讲究很多文法。而这对我们从《易经》里面获得体会，是非常有帮助的。

洛书黑白点麇集的方式也跟河图不一样。河图是阴阳一对，十个数字分成五对。洛书不是这样，数字是分散的。数字分散有没有道理呢？当然有道理。洛书当中是一个十字，对角线又是斜的十字。这就告诉我们，有四正，有四隅，一共八角。这样，八卦慢慢就出来了，八卦的样子从这里就很容易看得出来。四正都是阳的，不然怎么叫正呢？四隅都是偶的，而且"隅"跟"偶"看起来很像。我们慢慢就会知道，很多汉字之间都是有关联性的。"隅"跟"偶"为什么会相像？就是因为它们都是阴的。四个斜角是阴的，因为它被削掉了。四个阳角是正的，因为它是完整的。我们看来看去，会有很多想象，比如黑白点分布不一样的现象，就告诉我们，数据是会变化的，而不是固定的。任何事情一固定下来，就没有变化了，也就很麻烦了。这样我们才知道，中国人是变来变去的，是非常善变的一

种人。但是我们先要加一句话，中国人最了不起的就是变到让人看不出来。别人看我们变化了，而我们偏偏自己说我不会变，我没有变。这样，可以更深一层理解为什么孔子没有叫我们不要骗别人，只是告诉我们不要骗自己的道理了。那叫勿自欺，就是不要骗自己。一、三、五、七、九是奇数，是阳数，是天数，河图跟洛书一样。如果连这个都变，那就糟糕了，那人类不知道要怎么办了。二、四、六、八是阴数，是偶数，也跟河图一模一样，只不过少了个十。

洛书与河图，看起来图像不一样，但实质上意义相同。这也是《易经》中的基本道理，变中有不变，不变中有变。无论是河图、洛书，奇数都代表阳，偶数都代表阴。但是为什么河图中的偶数是二四六八十，而洛书中却只有二四六八，没有十呢？

跟河图相比较，洛书最重要的特点就是五个字：见五不见十。或者说现五不现十也可以，把五现出来，把十隐藏起来。这个对我们影响太大了。洛书重在阴阳的变化，这点我们要特别小心。它相对的都是十，四跟六这两个斜角加起来就是十，八与二这两个斜角加起来也是十。可见它把十藏在四个角落里面，所以它不是乱来，也不是不要，而是藏在那里。

更妙的就是它整个的数字加来加去都是十。北方一加上南方九是十，东方三加上西方七是十。可见竖的加起来是十，横的加起来还是十，十藏在四方八面，只有当中的五屹立不摇。这就告诉我们做任何事情一定要有所变，有所不变；同时要把有所不变抓紧了，才可以放心地有所变。五立于中央是不能变的，中国人之所以动不动就要巩固领导中心，就是这个意思。领导中心一不稳，那什么都完了。五是体，后来我们把它叫作经。为什么中国人很重视经典呢？就是从这个五来的。我们看五经博士、仁义礼智信等，很多东西都是五，这是有道理的。十是用，是变。所以用五藏十，就是持经达变，这对我们的影响实在是太深远了。我们今天的人就是缺乏这样的修养，动不动就讲求新求变，其实是非常危险的事情，因为变

第一百二十二集　神龟载书

到最后就没有根了。五是根，怎么可以变呢？为什么五是根呢？因为五是土。土为什么是根呢？因为金木水火离开土就都没办法存在。如果水没有土，水就流光了，就是因为有土才能保持那个水，水才可以被利用；火如果没有土，火就往上冒，最后也不见了；金没有土藏不住；木没有土长不了，茂盛不起来。所以土是最重要的，最核心的，是不能变的。

所以中国人很重视土，把有土视为有财，过去的人有钱就买土地，跟这个都有非常密切的关系。过去中国人认为别的都是假的，只有土地才是真的。老实讲，一个人如果连立锥之地都没有了，那其他的都不要讲了。可见中央土就是我们的经，就是我们的命脉。我们后来把它生发成经典，意思是万世不能变的东西才叫经典。有了经典可以帮助人把道悟通，我们就可以去随机应变。那个时候我们就不会投机取巧，因为四个正的都是阳的。

洛书中的"见五不见十"，不仅蕴含着"持经达变"的深刻道理，而且告诉我们，只有万世不变的东西，才能被称之为"经典"。洛书中同时也包含着五行，而五行就是气的运行方向。那么洛书中的五行，与河图是否相同呢？

洛书中气的运行，跟河图比较就有很大不同了。从一到三是阳气的运行，是顺时针的，从七到九则是逆行的，这两个是连不起来的。照理说应该是一三五，然后是九七，那才应该是阳的顺的路。可是现在有一个是逆的。这就告诉我们，一个人最好从小就走正道，可这是不太可能的事情。大家想想看，如果每一个人一生出来，也不用教育，也不用学习，自己慢慢就走上了正道，那人就跟动物完全一样了。那就是按照本能而行事，就没有什么自由意志，没有什么自主性，根本谈不上什么创造了，那宇宙怎么会进步呢？这一点是我们必须要说出来的。

人跟野兽不同，人跟动物不同，就是人有不一样的禀性，或者叫作天性。我们可以改造，但是不能乱改，我们可以求变，但是不能乱变。这就

告诉我们,如果是按照阳的路线去顺行,当然没有关系。如果搞错了,不知不觉或者不得已,比如被逼得逆行了怎么办呢?这也没有关系,我们补救就好了,这就是《易经》"无咎"的观念。

现在我们知道了,阳是顺时针走的。人只要活着,就应该按照顺的阳的途径去走,这样当然最好了。可是万一走逆了,难道就不活了吗?如果走逆了,那么再走一遍顺的就好了,这有什么关系呢!所以我们慢慢就知道,一个人要成功,可以顺取顺守,也可以逆取顺守。很多人是逆取顺守:我没有办法,机会都被人家霸占了,资源都被人家掌握了,我只能先站住脚才行。可是有一点点成绩的时候,我就开始守正了,或者叫守中。中就是土,守中就表示站稳了脚跟。这样我们就完全可以想通了:我们可以顺行,也可以逆行,但是不管顺行逆行,我们都要想尽办法,最后回归正路就对了。

至于阴中的四到二、八到六,跟河图的方向就不一样了。现在我们就清楚了:河图是太极生两仪,就是生出阴阳两种气,阴的气是逆的,阳的气是顺的;可是洛书告诉我们,两仪还可以变出四象。洛书里面气的走向,则出现四个系统:一到三,七到九,四到二,八到六,这四个系统是不一样的。这个就是两仪生四象的变化,同时告诉我们:我们要慢慢地去加大我们的变化。可见我们是不反对变的,只不过我们反对没有原则的变。如果离经叛道了,就是离开了那个中土的经,把五都丢掉了,就是乱变,就叫离谱。我们常常讲,这样子太离谱了,就是变得人家不能接受。现在的人因为对经没有很深刻的认识,所以几乎都在乱变。所以,我们千万要小心!

 我们是不反对变的,只不过我们反对没有原则的变。
——《易经》的智慧

无论是河图还是洛书,都不仅有象、有数,更重要的是还有理。那么

18

第一百二十二集　神龟载书

洛书中的理是什么？又是如何通过象和数表现出来的呢？

我们再来看洛书的理。把河图和洛书两个进行比对（图122-2），发现一三五位置并没有变化。为什么会如此呢？因为一是水，这个水源是不能变的。

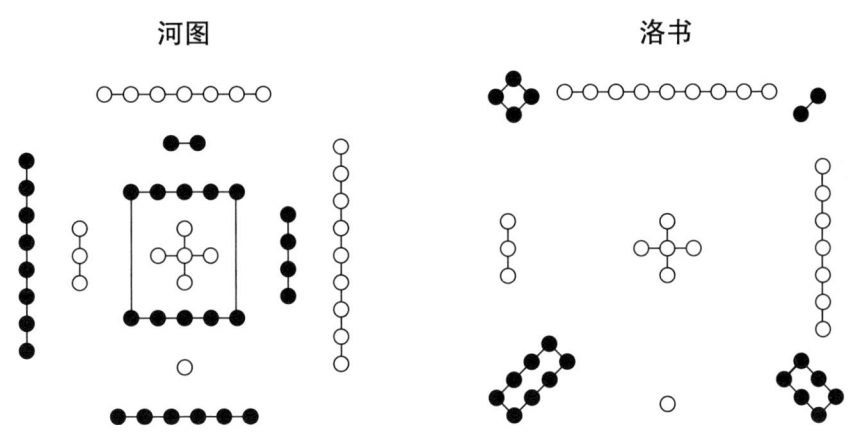

图122-2

不论人再怎么变，也不会变成不喝水都可以活，只要没有水，人就活不了。人刚生出来的时候，全身都是水。随着人的长大，水分就开始少了，到老了以后干干巴巴的，就是缺水了。地球上的水，越来越少，人类就越来越恐慌。人体里边的水越来越少，这个人就越来越衰弱。水是生存的源头，我们动不动就讲饮水思源。可见这个一是不能动的，因为一就是太极，当然不能动。一就是阳气，一就是正气，一就是天，人不能逆天，而是要顺从天理。

三是木，为什么三是木呢？因为它是东方。东方就是太阳升起来的地方，而树木最需要的就是太阳光带来的光合作用，因为光合作用能够使树木生生不息。东方跟西方为什么会有不同？就是它们的生气不一样。三为木，树木代表有生气的地方。所以，人类自古以来，就是先找到一，找到

19

三,这叫作逐水草而居。一座山如果上面一根草都没有,人会去吗?人去那儿干吗?不是冻死就是饿死。如果山上树木很繁茂,人就可以放心地去了。因为草木能够长得那么好,里面一定有水,而有水、有草木,人就可以生活了。因为木可以生火,而水可以供人饮用,生活有了水、火,大概就差不多了。所以说,一跟三不会变。五更不能变,因为五是土,是我们的立锥之地,是我们生存的一个根基。一三五位置不变的事实再一次告诉我们,首先要有所不变,然后其他的可以放心地去变。

五居中是根本,我们把这个根本叫作经。而十不是没有,十是隐而不现,暗藏在每一个角落里面,四方八面都有十。这样就表示有了五以后,我们就可以放心地去变,变到什么都有。我们不能固守这个五,否则就变化不出来,也就没有创造,我们的生活没有变化,当然就不会有进步。可见老天是要人类进步的,是要人类改变的。但是千万记住,一定要持经达变,绝不能离经叛道,就这两句话而已。我们用现在的话来讲,大家会更清楚:生活的原则不能变,生活的方式可以变。我要穿西装就穿西装,我要穿什么就穿什么,这是生活方式。所以中国人吃西餐也好,吃印度餐也好,吃什么其实都无所谓,那不影响你是中国人。穿西装也好,住洋房也好,其实都没有关系的。我们所在乎的就是你的脑袋瓜子、你的观念有没有改变。如果你的观念改变了,改变得不像一个中国人了,那就是乱变了,也就不要谈了。

已经进入现代社会的中国,可谓日新月异,变数无常。那么作为一个现代的中国人,我们怎样才能做到"持经达变"?又应该坚持什么样的生活原则?在现代生活中,究竟什么东西是不能变的?

我们可以看得很清楚,中国人的这些东西是不应该变的:一个是勤劳,一个是节俭,一个是负责,一个是忠诚。如果连这些都变了,那人就太危险了。现在的人眼睛所看到的就是钱,就是名,为名为利而把这些东西通通抛诸脑后。甚至还有很多人公开地宣誓,要过奢侈的生活,这就是

第一百二十二集　神龟载书

离经叛道。中国社会没有奢侈这个东西，我们只有小康。以前的有钱人，一定要建很高的围墙，然后把自己隐藏在这个叫作朱门的里面。里面再怎么乱，外面人不能看到，最起码不会败坏社会风气。现在不是，我有钱了怎么怎么样，钱是我赚的怎么怎么样，我是合法赚的怎么怎么样。其实没有怎么样，就是败坏了社会风气，刺激很多人，让他们产生很大的怨气，这些怨气最后集中到你身上，那么你就完了。所以中国人连做好事都不能高调，现在有人说要高调行善，但是人家背后的批评是很难听的。有很多东西，不能变就是不能变。

我们从河图洛书最起码得到三个重要的启示：第一个，人一定会变，不会变就完蛋了。可是当我们要变的时候，应该先把原则抓准，原则一定要抓得很准。所以当我们讲变的时候，一定要跟不变同时讲，不可以只讲求新求变。我们要讲创新的时候，一定要讲改善或者创意。如果只讲吉，而不把无咎连在一起，那是不对的，是高度危险的。

第二个，怎么才叫作吉？就是把握那个土是根本。我们现在恨不得把耕种的土地都拿来盖房子，中国面积是很大，但是可耕地已经够小了，将来我们的粮食怎么办？这是根本的问题。一旦没有粮食，我们饿的时候难道可以吃电冰箱吗？所以我现在到处劝人家，就是再没有钱，都应该去买一点儿真皮的皮带。为什么呢？真正到没有东西吃的时候，那个皮带最起码可以吃两到三个月。

第三个，要从小告诉小孩，不要乱变。我们不可以从小告诉小孩，你要求新求变；从小教小孩求新求变，是欧美人的观点。那为什么中国人就不行？道理很简单：因为外国人根本不会变，一个不会变的民族，当然要放心地求新求变了。中国人的血液里面都是充满了变的东西，从小就会变，那么再要求变还怎么得了！很多家长从小就告诉小孩：你要变，你不能不变，不变会吃亏，你要求新求变。然后弄到什么样子呢？小孩上到小学五年级，父母就拿他一点办法都没有了，老师也管不了。如果哪一天搞到政府也管不了老百姓的时候，那就叫天天不应，叫地地不灵了。持经达变，有原则才可以变，万变不离其宗，不可不变，但更重要的是不可乱

变。这才是我们从河图洛书里面,得到的最关键的启示。

> 持经达变,有原则才可以变,万变不离其宗,不可不变,但更重要的是不可乱变。
> ——《易经》的智慧

有了这些基础,我们再来看《易经》就非常容易了。什么阳九、阴六,什么阴中有阳、阳中有阴,什么阴极成阳、阳极成阴,还有阴阳的交易变化,都显得非常清楚。所以实际上由一画开天开始,到了六十四卦完成以后,天下所有的事情都在河图洛书所显示给我们的象、数、气、理当中。我们从现在开始,看一件事情,要先看事情的象,看一个人,要先看这个人的相。看人的相,就是看能不能跟他交往,这个人的相可靠不可靠,我能不能跟他讲实话。然后就会看人的气色,如果气色不好,那是不是心里头有不正常的观念,有不好的念头,或者身体状况不好,怎么气色那么差呢?然后心里就有数了,有数了就会进行推理。中国人的推理不是迷信,发现一个人只能跟他讲三分话,另外的话就不能讲,要试试看再说,这样自然有分寸。分寸是什么呢?分寸就是要因人、因时、因地、因物、因事而做不同的调整,那就是变化,可见中国人随时随地都在变化。

可是千万要记住,万变不离其宗,一定要以不变应万变。我们什么时候搞清楚了这个道理,就有了安身立命的基础,我们的一生其实也不用去算命了,只要好好去做就行了。只要记住孔子的一句话,尽人事而听天命,我们就可以做一个自由自在的,非常快乐的中国人。

易经的智慧・第一百二十三集　天人合德

在中国远古的传说中，无论是龙马负图，还是神龟载书，都被认为是天垂象。而人们看到天垂象后，从中得到启发，从而能够认知自然，感知自我，这就是中国传统文化中独特的天人合一。那么，为什么中华民族不崇拜神祇，而敬畏老天？而古代经典中的"圣人"，又指的是什么呢？

第一百二十三集　天人合德

世界上好像只有我们中华民族喜欢讲天人合一，外国人不太认识天人能够合一，因为人这么小，天那么高，怎么能合一呢？我们又把《易经》称为天人之学，这又是什么道理呢？想想看，当语言不成熟，文字还没有出现的时候，人类对外界也是很好奇的，很想了解到底为什么会有这样的变化，这就是我们现在所讲的做学问。

我们再想想看，没有文字，语言也不充分，怎么做学问呢？答案其实也很简单，只有三个字，就叫作天垂象。老天是不说话的，但是会把那个现象显示给人类，让每一个人去领悟。但是每个人看法都不太一样，因为人的悟性是不相同的。天垂象一直到今天还在不断地进行，只可惜我们现在对天垂象是越来越不敏感了，总认为那就是科学，那就是一种自然现象，不会深刻地去体会。天在说些什么呢？我们不会这样想问题了。

《系辞上》讲得很清楚：**天垂象，见吉凶**。天，把象垂下来，它就现出吉凶。一般老百姓是看不懂的，可是**圣人象之**。圣人会"象之"，这个"象"就是模仿那个自然的天象，然后想出一些道理。还有句话大家也很熟悉，叫作**河出图，洛出书，圣人则之**。相传黄河曾经有龙马出现，背负着图案，所以叫河图。此后洛水里有神龟出现，背上刻有一些文书或者叫图文，我们把它叫作洛书。

河图洛书是从哪里来的呢？各有不同的说法，但是我们很容易说是老天爷送给我们的。不管是天垂象，圣人象之，还是河图洛书由天而降，我们的圣人去模仿，这不都是天人合一吗？这不都是天人之学吗？当然大家也可以不相信，但是我们去看看日本人，日本人可是非常相信的。他们现在已经在日本挖了很大很大的地坑，把很多现代化的设备通通埋在里面。

就是准备有这么一天,日本整个被海水淹没了,人都跑光了,再也没有人住了,而又过了几千万年,它又浮起来了,因为陆地是不断地变动的,然后有人住到日本去,他们就开始挖掘,结果挖出很多他们看不懂的东西,那不就是日本版的河图洛书吗?

在《论语·季氏篇》里,记载着孔子说的一段话:"君子有三畏,畏天命,畏大人,畏圣人之言。"我年轻的时候读到这句话,"畏天命",我没有什么疑问,老天在我们中国人心里头总是很值得敬畏的。"畏大人",也没有什么疑问,因为我们从小对大人就有点畏惧。可是对于第三句话"畏圣人之言",我就有些不以为然:圣人有什么了不起的?为什么非要敬畏他所讲的话不可?当时我很年轻,我没有去仔细想这句话。

如果这段话是孔子自己讲出来,那是完全不一样的。孔子苦口婆心地说:我不是圣人。孔子一向没有认为自己是圣人,但是我们应该一起来敬畏圣人的话。这句话的含义很清楚,就是说天垂象只有圣人看得到,一般人是看不到的。大家都只能看到现象,可是吃饭的照样吃饭,跳舞的照样跳舞,打麻将的照样打麻将,大家都无动于衷,一直到现在还是这样。

我们一直认为,"圣人"就是孔子,而孔子却说:"君子有三畏,畏天命,畏大人,畏圣人之言。"可见孔子所说的"圣人"是另有所指。那么孔子所指的圣人是谁?孔子所说的圣人,又有着怎样的独特之处呢?

圣人有高度的警觉性,深刻的观察力,缜密的领悟力。一看这个象,就会想到很多事情,甚至知道未来的变化,这就不是我们一般老百姓所能够做到的了。所以,现在再读《易经》,我觉得我们每一个人真的都要畏圣人之言,一点都不可以掉以轻心。

《论语·子罕篇》也把孔子讲的另一句话记载了下来,孔子很感慨,他说:"凤鸟不至,河不出图,吾已矣夫!"他的意思是说,现在这个时代凤鸟也不出现了,河图洛书通通没有再现了,那像我这样的人也没有用了。当然他不是自暴自弃,而是感慨整个大环境已经不行了,人类再怎

第一百二十三集 天人合德

努力也是很无奈的。至于现在到底要不要去看河图洛书？我们不会做硬性规定，这是每个人自由的选择，我们都要尊重。想想看，伏羲氏当年"仰观天象"，四个字就可以知道人类了不起的地方了。因为所有的动物都做不到，所以人类应该真心感谢老天爷，感谢老天爷让我们能够仰观天象！

仰观天象以后，还要能够跟地理相对应，所以他又俯视地理。然后，用自己身上的东西来跟天象地理相对应，画出八卦来。可见，八卦是由天象做出发点，再由人把它画出来，这就叫作天人之学，表示天人是合一的。

但是在那个时候，因为没有文字，所以没有办法讲述。就是把八卦画出来，八卦能干什么还是不知道。这样，就有后来的周文王开始演绎。周文王最大的贡献就是把伏羲的天道引入了人道，把八卦两两相重变成六十四卦，而且每个卦都给它个卦辞、爻辞。周文王的目的是什么呢？就是说人类最要紧的就是政治，只要政治不清明，那就是孔子所讲的"凤鸟不至，河不出图"，谁都没有办法！因此周文王是从政治方面，来阐述《易经》的道理。

可是大家要清楚：以当时的处境，是不容许周文王明明白白地说出来的。因为商纣王始终盯着他，他只要稍微有点越轨，马上就有借口杀掉他。所以说，周文王是冒着高度的生命危险来注解卦爻，因此只能用比较含蓄的表达方式。何况当时在殷商时代，人们都很迷信，对鬼神的信仰是非常浓厚的，所以我们看到《易经》里面经常有神鬼、有祭祀的词句。看起来好像有些迷信之处，但里面所包含的道理，确实值得我们好好去体会。

所以，在当时，周文王一方面为了推演，必须顺应当时的社会风气；一方面为了保命，必须要用打仗、祭祀等词句，来表达他对政治的一种思想。可以看出，《易经》里面的吉凶，跟我们现在所认为的好坏，几乎是没有关系的。吉就是一个人按照天道去走，最后就算死也是吉死，说出的话也是吉言。凶就是说一个人不按照天道去走，就算最后发了大财，升了大官，也照样还是凶。这一点跟我们现在的观念，有非常大的差别，所以我们读《易经》，一定要特别小心。

孔子所说的"圣人",就是伏羲和周文王。伏羲仰观天文,俯视地理,依据大自然中天地、水火、风雷、山泽的变化现象,画出了伏羲先天八卦图。周文王被商纣王长期囚禁期间,发现自然的变化和人类社会的变化是相通的,于是潜心用意,用八卦相交,八八六十四,写出了《易经》的六十四卦。但是六十四卦晦涩难懂,而真正把《易经》带入我们现实生活的,当属孔子。

孔子离周文王的时代很久,神鬼的思想已经慢慢淡化了。所以孔子看到这个时机,就毅然决定:把天道变成人道是不够的,而是要进一步把整部《易经》彻底转变成为人生的行事规则。我们今天老讲,做人做事要有规则。其实,这是孔子对人类最大的贡献。

《易经》到了孔子手上,已经是让我们天天可以查询的,终身可以使用的行事规则。孔子不再以神道设教的方式,而是纯粹地用讲道理的方式来推行教化,所以我们称他为万世师表,一点也不过分。很可惜我们现在只知道他是万世师表,只知道他是集大成,却没有很彻底去了解和理解他。

孔子真正的用意是告诉我们,天人要合一,只有用伦理道德来合。所以整部的《易经》到了孔子的手上,他只在讲一句话,就是作为一个人,最要紧的是修德。什么叫修德?就是修正自己的德行,也就是修己。天天修德,修得合乎天道,这是人生最大的目标,也是最大的成就。但是现代人,有几个人想到孔子的真正的用意?太少了。

现代人一天到晚忙于赚钱,忙于想办法找关系,然后把自己的愿望一步一步去达成,那都是浪费生命。我们不否定那些东西有它存在的必要,但是我们一定要认清楚,那些是我们修德的过程,修德的工具,修德的手段,这样就对了。我们要不要拓展人际关系?当然要。但是在拓展人际关系的过程当中,要不断地提升自己的品德。如果在不断扩展人际关系当中,我们损害了自己的德行,那么所看到的成就通通是假的,最后一定是凶的,就这么简单而已。

孔子非常清楚地告诉我们,敬鬼神而远之,你尊重他,少理他,你越

第一百二十三集　天人合德

接近他越没完。因为鬼神所缺的就是手脚，鬼神如果有手脚，他要做什么他自己就可以做。鬼神神通广大，就是缺手缺脚，他必定要通过人类来实现他的想法。所以你跟他在一起，你就变成他的工具。因此孔子要我们把鬼神放在一边，你对他要恭敬，但是你不要做他的媒介。孔子就用道理来告诉我们，人怎么样才能够吉祥，为什么会有凶祸，这里边一定有道理，不可能没有道理。

同时孔子还提出一个比吉凶更高的标准，叫无咎。孔子是很了解人性的，他知道要人不犯过错真的很困难，人非圣贤，孰能无过。所以孔子很宽松，他说做错就做错了，不必后悔，也不必怪这个怪那个，只要改过就好了。换句话说，做错了事情赶快想办法去补救，这才是最要紧的。

周文王的贡献是把伏羲的天道思想，引入了人生的大道。他告诉我们，人类的生存之道，不应该跟一般的动物一样，因为所有动物都没有政治，只有人类才有政治。

孔子最大的贡献，就是很坦白很直接地指出来，人类跟动物最大的不同就是伦理道德，其他没有什么值得骄傲的。你在吃，动物也在吃，你在穿，动物天生就有皮毛。动物很多事情上比人还聪明，因为它方便，不像人这么烦琐。但是动物是不知道什么叫伦理道德的，只有人类有这种认知的能力，这是孔子直接说出来的。这是人类的本性，我们要好好去了解。后来，孟子更直接地讲到了人禽之辨。人类和禽兽的区别在哪里呢？就那么一点点而已。所以我们为什么说最懂得《易经》的就是孔子与孟子，就是这个道理。

> 孔子最大的贡献，就是很坦白很直接地指出来，人类跟动物最大的不同就是伦理道德，其他没有什么值得骄傲的。
> ——《易经》的智慧

古老的《易经》在诞生和发展之中，历经了三古三圣：先古之圣伏

羲，中古之圣周文王，近古之圣孔子。伏羲观察到了大自然中的天道，周文王思考剖析了人类社会中的人道，而孔子最大的贡献，就是"天人合一"。那么孔子是靠什么，将天道和人道合一的呢？

孔子完全站在人道的立场来发扬易学，他说人应该全心全意终身致力于四个字，就是天人合德。因为天人一定要合一，只有靠道德才能合一，靠其他根本就合不了。

在《乾卦·文言传》里边，有一句话写得很清楚："**夫大人者，与天地合其德。**"所作所为都凭良心，能跟天道合在一起，这就叫大人。这个"德"跟"得到"的"得"同音，就是说，人去行道，就有所得，一方面有品德，一方面得到东西，两个都是得。人生最重要的，最可靠的就是修身，就是修己，修身是我们终身所要实践的根本。这样的话，我们就抓住了《易经》最重要的核心。

孔子说，古代的人为自己求学，现代的人为别人求学，这么简单一句话就值得我们认真去思索。古人做学问是为自己做的：我哪里错了，我要怎么调整，我对不起人家，我要好好反省，一天到晚就在想自己的品德有没有改善。现在哪里有这样的？我们做学问，都是要人家追捧自己，要人家肯定自己。这样是在干吗呢？有这个必要吗？都是自己找麻烦。孔子的话，直接透视到我们最深层次的弱点。整部《易经》都在针对我们中华民族的弱点，我没有说是缺点。何谓弱点？就是我们很不容易找到合理点。

孔子说一个人一生最大的成就，就是那句话，叫作先天而天弗违。什么叫先天？象还没出来，人已经讲了，人讲的话比天垂象还早，就叫先天，今天叫预言家。但是今天的预言家十个有八个都是讲错了，这全是因为他自己的修养问题。

就说做预言家吧，老天爷要配合你，你就算讲对了，老天爷要不配合你，你就出洋相了，这是很容易明白的道理。比如说后天会怎么样？你说后天是个大晴天。老天爷一听：你说大晴天，我偏要让它下雨，它就下雨了。那么为什么有的人讲话会灵，有的人讲话就是不灵呢？就是我们没有

30

第一百二十三集　天人合德

读懂这句话，先天而天弗违。如果你有本事做到比天垂象还早，把未来的情况先说了出来，而老天本来不是要这样的，因为你说了，那就让你说了算了，它就配合你，那就天人合一了。

还有一句，叫作后天而奉天时。老天尊重你，你也要尊重老天，你还没有说，天就垂象了，那你就不可以逆天，就要奉天时，即一定要顺天，按照上天的指示去做。这种人生价值观，从孔子以后一直到现在，变成我们中华民族最伟大的信念。很可惜我们现在讲别的理念、别的信念，讲一大堆东西，结果把祖先这个价值观撇得远远的了。

孔子提出"先天而天弗违，后天而奉天时"的理念，就是告诫人们，要修德以应天，这也是天人合一的基本体现。但是，在这种理念的影响下，也使得中国人产生了一种普遍的个性，这种个性对于中国社会的发展，带来了很大的影响和困扰，这是一种什么样的个性呢？

这样就出现了一个问题，就是中国人谁都希望自己说了算，这就麻烦了。每个人都有皇帝心态，也不必避讳，结果每个人看到尧舜都说，尧舜太好了，我要当尧舜！却不知道尧舜是以品德来感动天地，而不是以威势来感动天地。看到人家当皇帝太好了，自己也要当皇帝，那就完全错了。

如果发现天下是有品德的人说了算，那么我也要修我的德，希望有一天我也说了算，这是正道。如果看着当皇帝很神气，想怎么样就可以怎么样，那我也想说了算，就不合天道了，当然也就不对了。这样，我们就会知道为什么"大位天定，非己自取"。得大位的就是说了算的那个人，他是老天选的，不是人一票一票投出来的。

一个人想尽办法要挤进大位，只要老天不同意，人就无能为力，这是不是迷信呢？其实不是。有很多人听到这个道理，就很有兴趣地问我说，那我要当总经理，也要老天来定吗？我说，总经理有那么大吗？其实每个人都把自己看得太大了，如果你认为总经理很大，但是老天一看满街都是总经理，那你这个总经理又算什么呢？所以这个"大位天定"的"大"，

是非常大的大,不要自己随便认为自己很大,这种想法要不得。

我们每个人能够在小事情上说了算就已经不得了,要慢慢在比较大一点的事情上还能说了算,就应该心满意足了。至于那个最大的事情,我们叫天大的事,还是要看老天来选哪个人,这个人是老天的代言人,他说了算,我们不要去争那个位子,这才叫作读懂了《易经》,明白了安身立命的本分。

为什么说孔子是集大成呢?就是因为到了他那里,已经把所有话都讲完了。所以孟子读了孔子的书,说孔子真是"圣之时者也"。就是说,孔子能够循着时代的变化,把《易经》精神及时地扭转过来,把神道设教撇开,直截了当地说这些就是人生的行事规则,他对于"时"把握得非常好。可是我们必须要了解,孔子讲得很清楚,说他是述而不作,信而好古。信而好古就是说,他了解古代的伏羲原来画卦的本意。述而不作就是把《易经》本来的意蕴阐述出来,并没有加入自己的意见,没有新的创作。他非常了解《易经》是由天垂象,然后透过伏羲的一画开天,就悟出了四个字,叫作天理良心。天理是天,良心是人,所以讲天人合一。天理和人心一配合起来,就叫伦理道德,即天人合德。

宇宙万象都显出一种自然的责任。我们看太阳,它从来没有问人类是否缺电费了,该出来就出来了。月亮也是,该出来就出来了。水则是不停地流。其实水流有它的目的,就是通过流的过程,使里面不干净的杂质得到净化,要不然上游在洗衣服,下游的人怎么喝水呢?这都是一个一个过程,其实我们现在就是根据水流如何净化的过程,来做成净水器的。所有科学技术的发明创造,无不体现《易经》的道理和智慧。

科学的进步和发展,越来越证明古老的《易经》蕴含着亘古不变的道理。而《易经》最基本的道理,就是天人合德。但是,包含着如此人生智慧的《易经》,是在什么时候,又是为什么,远离了我们的生活呢?

其实,从汉朝开始,《易经》就已经衰落了。我们这次重新把《易

第一百二十三集 天人合德

经》用现代的观点诠释出来，也是根据孔子的道理。因为时代不同了，就要有不同的解释方法，不是说我们求新求变，或者标新立异，我们绝没有一点点这样的想法。我们只是感觉到孔子以后，易学衰落了，这也是必然的。因为盛极必衰，连《易经》本身也逃不过这样的一个规律。

秦始皇烧书的时候，为什么把《易经》留下来了呢？就是有人讲这本书不要烧，它是老百姓拿来占卜用的。秦始皇一听，那好吧，就不烧。这样的举动对不对？那不是我们评论的；这样的举动好不好？我们倒可以想想看，答案还是《易经》的道理，即有好有坏。好的一面，就是把这本书保留下来了，坏的一面，就是从此人们认为《易经》就是占卜用的书。所以从汉代开始，术数一面就被大量地发挥，人们对术数越来越产生兴趣。术数一流行，就把《易经》从道德信仰变成了知识信仰，这才是非常可怕的事情。趋吉避凶，慢慢变成易学的重点。那么，趋吉避凶好不好呢？如果一个人满脑子都是趋吉避凶，就很容易投机取巧。要做一件事情，占一个卦如果好就做，不好就不做，那不是投机取巧吗？对自己好的才去做，对自己不好的就不去做，这已经跟孔子的道理偏离得太远了，那还有什么道德可言？

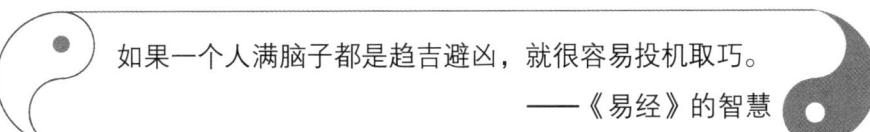

如果一个人满脑子都是趋吉避凶，就很容易投机取巧。
——《易经》的智慧

孔子的意思是说，我们该做的，就算有很大的困难，也要一步一步去克服。我们该做的，就算结果会很惨，考虑后认为该做的，还是要去做。因为一个人真正德行好的时候，凶会变吉，吉人自有天相就是这个道理。为什么会这样呢？我们已经讲过了，就是"先天而天弗违，后天而奉天时"，这才叫作伟大的人物。

当然，有人说我不是伟大的人物，我就是一般老百姓，所以我还是相信占卜，这样也可以，我们也不反对。我们只是讲一句话而已，一个人很

会算,就叫作神算吧,神到什么地步呢?神到70%的命中率,够高了吧?因为不可能达到100%,如果达到100%,那变成你去做天好了。上天会觉得很好笑的:你都100%了,那我还有存在的道理吗?

有人说,我这个占卜很灵,那么准确率达到70%或者80%,已经不得了吧?但是,偏偏你的事情就落在那个30%或者20%的不准的概率里面,那不是很倒霉嘛!我们只讲这句话就行了,其他的大家可以自己去选择。

易经的智慧・第一百二十四集

以人为本

河图洛书出自不同的地方，图像也不一样，但是，它们1、3、5的位置却完全相同，其中所代表的五行和方位也完全一样。这蕴含着怎样的深意？我们的祖国叫中国，我们的民族叫中华民族，我们的文化叫中华文化，这个我们处处离不开的"中"，究竟代表着什么意思？又是从何而来的呢？

第一百二十四集　以人为本

除了《易经》讲阴阳，另外还有五行学说，还有天干地支学说，那么把这些学说融合起来又有什么不好呢？中国人常常有整合的观念，把各种不同的东西整合起来。可是我们一定要懂得，无论什么事情，有它的可行性，就一定有它的局限性。我们现在所面对的是全世界的各种学说，能不能把中西的思想通通整合起来呢？这对当代中国人来说，是一个很重要的课题。

有一个观点，就是中西方文化只能交流，无法整合。那为什么我们中华文化就可以整合，而一旦碰到西方的学说，就没有办法整合呢？从生物科学的角度来看，就会看得很清楚：当把全世界的文化整合成一种的时候，就不可能再有互动，也不可能再有变化，因此就不会进步，一旦停顿下来最后就是毁灭。

《易经》是广大的，无所不包，但是毕竟里面有阴有阳，不可能变成纯阴，也不可能变成纯阳，这个观念非常重要。研究河图与洛书，让我们知道世界上的事情，有真就可能有假，有顺就可能有逆，有正就可能有反，社会上有好人就一定有坏人。这些观点如果拿来对应实际的状况，都是非常吻合的。

我们可以更具体地看，虽然人们经常将河洛并称，但是河图与洛书还是有些不同（图124-1）。河图从1到10一共有10个数字，洛书只有从1到9共9个数字，这就是不同。洛书样式的方块现在用得很多，比如大家经常玩的魔方，跟洛书的阵势就很相像。看看洛书的每一行，不管是正的斜的，数字的总和都是15。如果从上面看起，横的是4+9+2=15，中间一行是3+5+7=15，底下一行是8+1+6=15。竖的可以看到4+3+8，9+5+1，2+7+6，和都是15。斜的有两条，4+5+6，2+5+8，和也都是15。可见这是个很有意思的数字游戏。今天很多人都在玩，可是很少有人知道，在古老的时候，那个龟背上面的数和象，就是现在所玩的东西。

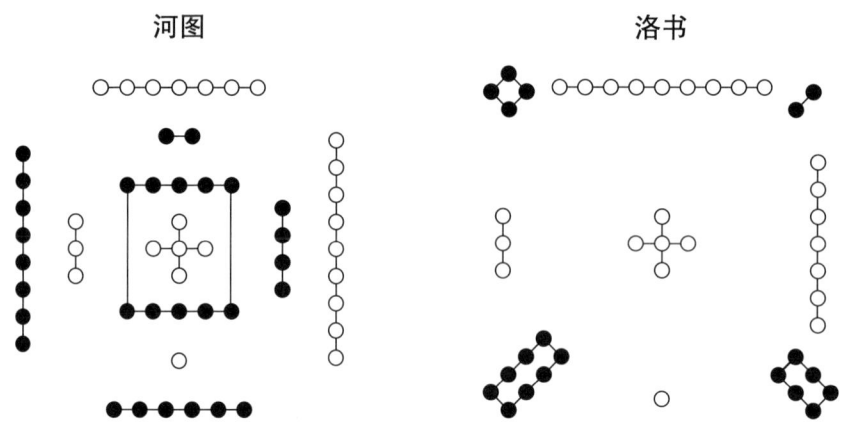

图124-1

洛书与河图，1、3、5的位置完全相同，但是其他6个数字的位置就完全不一样。可见同样的道理如果用不同的方式来象征、说明，也会有些许的不同，并非只有一个固定的解释。这在《易经》里面也是一个很重要的精神，就是要因人、因事、因地、因时而做适当的调整，并非说不管什么状况，都只有一个解释。

所以我们不太赞成铁口直断，也是有原因的。因为这么一来，就把那么多的可能性变成只有一个结果了，那就叫命定论。《易经》不是命定论，而是给人很多可能性，让人自己去选择，这样才跟道德有关。如果是命定论，那跟道德还有什么关系？命本来不好的，品德修好了以后会转化，命会变好，这叫作上天有好生之德，也告诉我们人必须自修的重要性和必要性。

第一百二十四集 以人为本

> 《易经》不是命定论，而是给人很多可能性，让人自己去选择，这样才跟道德有关。
> ——《易经》的智慧

河图、洛书的相同与不同，恰恰说明了《易经》最基本的概念，一切都在变化之中。所以《易经》也有《变经》之称。《易经》的变化是：太极生两仪，两仪生四象，四象生八卦，八八六十四卦。那么河图、洛书，是如何表现出这些变化的呢？

我们可以说，河图是先天的体，而洛书是后天的用。这个体、用是不能分开的，但是都有顺和逆，因为它们都是气。数只有顺序，但是气有顺、有逆。河图是阳顺阴逆，各成一气，那就叫太极生两仪。可是洛书告诉我们顺中有逆，逆中有顺，这就变成两仪生四象。

阳的气，一边从1到3，一边从7到9，它们变成两道气的路子；阴的气，从4到2，从8到6，很显然气的运行的方向是跟奇数相反的。可是洛书并不完全是这样的，它比河图还进一步，告诉我们顺中有逆，逆中有顺，也就是阳中有阴，阴中有阳，阴阳是不能完全分开的。

现代人很喜欢把东西分得清清楚楚，这是对的，那是错的，这是黑的，那是白的，这是上的，那是下的，这样并不是很妥当。既然随时在变化，凭什么固定地说这个一定是好的呢？如果我们从小教孩子说，这个对，那个错，那他一生就很痛苦。大人应该告诉小孩，以你现在的年龄，你可以把它当作是对的没有关系，将来随着你年龄长大，你会有不同的看法，要事先给他留个余地。对的会变错的，错的会变对的，好里面有很多是坏的，坏里面反而有一些是好的，这个才符合一阴一阳之谓道。

所以读了《易经》以后，我们的思路要做合理的调整，否则死背一些经文，用来应付考试，或者背得滚瓜烂熟拿来骗人家，还不如不读。

5不变位我们比较容易理解，因为5居中，5就是土的位置，就是中，中不能乱变；其他数字都可以变。为什么1跟3不能变呢？因为1是水的位

置,天一生水;3是太阳的位置。东方为木,而木从哪里来呢?从泥土来,所以树木跟水、跟土的关系是非常密切的。我们想想看,如果地球上只有泥土而没有水,那么就不可能有人类。有了土和水,自然就会长出树木来。这三样东西,我们用四个字来讲,就叫作木本水源;而那个土反而不见了,因为土是隐性的。

我们可以说,哪里能够长草,哪里能够长树木,那个地方一定是可以居住的,逐水草而居嘛。那个时候我们的祖先就知道,树木和水源,都是人类生存的根本,所以这两个因素是不能动的,因为这两个因素是先天的生化作用。就算人类再没有知识,也会自然而然地找到这两样东西;甚至连动物都是如此,它会找到水在哪里,会去找到草木,甚至干脆跑到树上面去。动物甚至于比人类还灵光,因为它们就是靠这个本能来生存的。人类有了知识以后,就把本能慢慢地忘掉了,这也是我们身为人类必须要高度警惕的地方。我们本来有很多的对自然现象的警觉性,现在越来越落后了,远远不如一般的动物。水是源头,而树木是让我们看得见的地方,如果老远看到那个树木比较繁盛的地方,我们就知道那里一定有水。当然从根本上来说,就是土使人类能够存在与发展。这些东西都是人生活所必需的本源,所以河图与洛书1、3、5的位置没有变,这就让中国人产生一种牢不可破的观点,不能忘本,饮水思源。

河图歌里说道:天一生水,天三生木,天五生土。也就是说,1代表水,3代表木,5代表土。天一生水为本源,是先天的生化作用。那么后天的生化作用是什么?而最重要的,又是什么呢?

后天的生化作用,则是以木为先锋。先天有了水,就产生后天的木,所以在东方用3这个数字来代表。

如果把数字跟它的作用以及方位,配合起来整体地思考,就会清楚一个道理,万事万物其实是从1开始的,水就是1,没有水什么都谈不上。所以我们看《易经》前面的几个卦,都跟水有关系。现在科学家也告诉我们，人类是怎么来的。宇宙大爆炸以后，生物都是从水里面慢慢产生的，人体里面大部分也都是水。

我们还有一句话，叫作万物成于3。就是说如果太阳不从东方升起来，东方不见到太阳的话，万物也是生存不了的。

所以，一个1，一个3，对人类来讲都是很重要的。这样我们才知道，数是从1开始，但是要到3才有所成的道理。

5叫作中央土，它代表我们本来那种纯真的天性。木有本，水有源，人要有德，就是从这里出来的。树木如果没有根的话，很快就会要么倒下，要么烂掉。水如果源头已经枯竭了，很快也就见不到了。人也是一样的，如果品德不好，那么所有的东西最后都是泡影，都是幻景，很快就会不存在了。

河图、洛书跟我们中国人有着很密切的关系，讲这个话河南人是很高兴的，因为我们是中原文化。而我是讲闽南话的人，那么大家知不知道闽南话也叫河洛话呢？为什么我们在福建南部和台湾讲的这个话，就是河洛话呢？这是个很奇怪的事情。因为中国南方的人大部分是从中原过来的，福建南部有一个地方叫作晋江，意思就是表明，人们是在晋朝的时候从河南迁徙到那边去的。所以那边有一条河就叫作洛阳江，有一个桥就叫作洛阳桥，那边所讲的话就是早期河洛中原所讲的话，因此就叫河洛话。所以身为中国人，我们要好好地去认识河洛文化，那当然离不开河图、洛书了。

中在河图和洛书里，都是用5来表示。我们一伸手就是5个手指头，所以中或者5的意思，就是告诉我们要能够全盘控制，只有全盘掌握才有资格讲5。我们常常讲队伍，从来没有讲队陆、队柒，因为队陆、队柒就可能掌握不住了。队伍就是我们可以全盘掌握的团队。我们今天从早到晚讲核心团队，那么这个核心团队到底能否掌握得了呢？掌握不了，那就不叫中，那就不中了。由此再推广起来，为什么叫中国？为什么叫中国人？为什么叫中华文化？为什么叫中华民族？这都跟中有关系。

我们的祖国叫：中国；我们的民族叫：中华民族；我们的文化叫：中华文化；为什么我们的一切，都离不开一个"中"字？而这个"中"字，究竟代表着什么意思？又是从何而来的呢？

大家都知道，我们的先民是没有文字的，怎么会突然间出现一个中呢？中就是太极，那太极怎么跟中有关系呢？如果用现在的观念把太极解构，即把它的结构解析开来，我们就会看到它的变化（图124-2）。而且它会有很多种变化，换句话说，中不是一个固定的目标，而是有弹性的。只要在合理的范围之内都叫中，把它写成方块字，它就是一个"中"字。其实，中的意思就是合理，而合理也不是一个固定的东西。因为世界上有很多不同的因素，有很多不同的条件，而且所要面对的环境也都不太一样，那么就不能只确立一个固定的目标，或者一个固定的标准。那么，我们现在受了数学化、工业化的影响，要求样样规范化，甚至连我们的教育也要把人教成一模一样，这显然都是不合理的。

图124-2

每一个人到这个世界上来，都是要做不同的人，不是做同样的人。所以我们所讲的合理应该是大同小异，而不是强求一同。本来没有办法强求一致的，如果非这样不可，就是在做不合理的事情。这样，中华文化的特质就出来了。所以中国人才讲王道，而不讲霸道。如果更扩大一点来看，太极和中既可以变成这样，又可以变成那样，很多花样都可以变得出来。比如佛教的卍，红十字会的标志，基督教的十字架，都似乎是与中有联系的。

我们读了《易经》就会很清楚，为什么宗教要自由呢？就是因为各种宗教都有相同之处，如果说都一样可能不好接受，所以就说大同小异。在

第一百二十四集 以人为本

中国人的观念里,佛教、基督教、天主教、回教,其实都大同小异。如果去问人们说,什么什么教是做什么的?人们会回答,劝人为善,叫人做好事,大家都是这个观念。所以身为中国人,一定要记住,能够用《易经》来解释所有的东西,这样你就是标准的中国人。而现在不是这样了,有人看了佛经以后,就用佛教的东西来解释《易经》;看了《圣经》以后,就用基督教的东西来解释《易经》,这个好像是本末颠倒,不是很合理的事情。

中国就是一切讲究合理的国家。我们不像西方,动不动就是法制,到处都在讲法制。我们是礼治,是德治,境界要比法制高得多。但是我们要讲清楚,德治跟礼治是以法制做基础的,这一点不假。西方人只发展到法制的层次,我们老早就已经超越了,进入了德治、礼治,这样一说就很清楚了。中国人非常守法,不守法就不是中国人,但是我们那个法不是死的,而是活的,难就难在这里。什么叫作中国人?其实一句话就讲完了,随时随地都能够随机应变,但是绝对不会投机取巧的人,才有资格叫中国人。什么叫中庸之道?凡事求合理,就叫中庸之道。这样我们才知道,为什么尧舜最了不起的就是治中、用中,一切都是跟中有关的。

随时随地都能够随机应变,但是绝对不会投机取巧的人,才有资格叫中国人。
——《易经》的智慧

中庸之道,是中国传统文化的核心,但是却遭到许多人的误解,他们以为"中庸之道"就是不明是非,就是和稀泥。而《易经》告诉我们,中,就是合理,中庸之道,就是凡事求合理。如此看来,中国人确实是崇尚中庸之道的,因为中国人凡事都要讲求个合理。但问题在于合理的标准是什么?为什么经常发生公说公有理、婆说婆有理的情况呢?

任何事情都要合理,这句话在我们中国人的社会里面争论不大。比较

困难的是,什么叫合理?到底要合谁的理?这个争论比较大。一般来讲,都是符合我的理我就接受,不符合我的理我就不接受,这是不正确的观念,是不良好的态度。然而,大部分人都是这样子的。我们应该要注意的是,无三不成礼。什么叫无三不成礼?就是第一要合天理,第二要合人理,第三要合地理,这三个都合才叫合理。任何事情都要看看天理,看看人理,看看地理,把它们融合起来就可以找到合理点。这样我们才知道,为什么我们经常讲天时不如地利,地利不如人和,就是表示这三样东西要一并考虑。

既然天时不如地利,地利不如人和,那么是不是人就可以决定一切呢?这当然不可能。孔子讲得最清楚,当我们尽了人力以后,还要听天命。为什么呢?因为《易经》卦的六个爻里面,三多凶、四多惧,它远远不如二多誉、五多功,这是事实。

现在很多人老在争论,人到底是为自己而活,还是为别人而活,这都是很无谓的争论。一阴一阳之谓道告诉我们,一方面要为自己而活,一方面要为别人而活,这就对了。我们找到了合理点,也要看看大家的反应怎么样。大家反应都很好,我们也要很小心:到底是真心的反应,还是为了利害关系?大家反应都不好,我们也要警惕:这里面到底有什么问题在?这样大家马上就明白了,为什么不可以马上有所反应,不可以立马就做出决定,就是这个道理。因为所有的阴阳变化都是很复杂的,我们必须要安静下来,好好研判,然后仔细地了解情况以后,还要试一试,看反应怎么样,才可以开始做初步的决定。正所谓,事缓则圆。

《易经》告诉我们一而二,二而一,像这种观念西方人就比较难理解,他们不太理解什么一而二、二而一的思维方式。所以西方在一元论、多元论上争论了两千多年,也没有结论,因为不符合自然的现象。比如自然现象中天上的一朵云,一朵很快又变成两朵,两朵很快又合二为一,永远都在变。再看阴阳也是这样,拉得长的就断掉了,阳就变为阴了,两个一靠近,阴又变阳了,这都是我们随时可以看到的现象。

我们一定要清楚一个道理,人是活的,地球是活的,一切一切都是活的，不要把它们变成死的，所以中国人很喜欢讲差不多，这是很高的智慧。可是现在都被毁掉了，现在有人一听到差不多，就觉得这个人怎么可以这样？其实整部《易经》就告诉我们四个字而已：大致如此。因为人的本事，再了不起也就能讲大致如此，还能怎么样讲呢？我们能够把千真万确的说出来吗？不可能。语言文字本身就是障碍，人的认知能力是很有限的，表达更是有限的，不论我们口才怎么好，说起话来都是言不由衷的。说到大致如此、差不多的道理，希望大家一定花时间慢慢去领悟，否则对《易经》也很难有深入的理解。

我们的祖先把宇宙万象分成六十四个卦，英文叫作情境（Situational），都是一样的道理。我们的祖先把这六十四种情境中的每一种情境再分成六个段落，每个段落又分成三个阶段，这些都是活的。在三个阶段中可以看出来六个爻（图124-3），最上面那两个爻就叫天道，最下面那两个爻就叫地道，当中这两个爻我们就叫人道。我们所要了解的，一切一切都是以人为本。

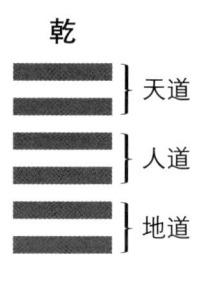

图124-3

古老的《易经》中所包含的"以人为本"的思想，今天已经为现代人普遍认同，并且成为现代社会中，管理的核心内容。但是我们应该溯本求源，追问一句，究竟什么叫作"以人为本"呢？

什么叫以人为本呢？《易经》每卦的六个爻，除了上爻跟初爻，我们很难去改变以外，其他的四个爻，都是人的意志可以变动的。拿我们现在

发达的科技做比方,人坐飞机上了天,才发现上面还有天,这表示最高的天现在还是搞不清楚,最深的地我们也搞不清楚。可是跟我们居住环境相近的天、相近的地,几乎都被我们挖尽,搞得差不多了。如果拿《易经》的六个爻对应现在的环境,也是非常吻合的。

这就说明,所有的学问都应该由人来主导,必须站在人的本位来研究学问。这也是西方非常不赞成的,西方人说我是为学问而学问,我的学问跟人没有关系,对人有没有用不是我的事,我就是要追求真相,只看真理是什么。而我们中国人则不是这个样子。

有几句话大家可以做参考,第一句话:吉凶祸福,因人而显。如果没有人,会有什么吉凶祸福呢?就是因为有人,我们才会觉得这个不好,那个好;车子不要撞在一起;人太拥挤了,压力太大,大家应该有适当的距离……都是因为有了人,才有了这些问题。

第二句话:顺逆动静,因人而明。什么叫作顺?如果人都不见了,还有什么顺逆?台风也不称其为台风,地震也无所谓了。所有的这种变动,对动物来说,大不了跑来跑去,一阵子就过去了,如果没有人的话,也就没有什么意义了。

第三句话:动植矿物,因人而差。只有人才东看西看,说这是动物,动物里面还分类;说这是植物,有的是有毒的,有的是可以吃的;说这是矿物,这是珍贵的东西,比如玉,可以代表皇权,还可以代表什么什么,讲一大堆的道理。

这些都在证明,如果没有人的话,这些学问也都没有了。比如,一直到现在所有的医院,都是人在主导,还没有哪一家医院的院长是一条狗或者一只猫,因为那是不可能的。既然如此,那么又凭什么否定人在宇宙当中的主导地位呢?以人为本,实在是《易经》给我们提供的很好智慧。

易经的智慧·第一百二十五集　行旅之道

人生就像是一次背井离乡、独闯未知世界的旅途。而在现实生活中，人们也难免会身处旅途之中，这就是旅卦中所展现的人生情境。那么，现代人应当如何旅行，才能有所斩获？无论是人生的旅途还是生活中的旅行，我们都可能遇到哪些困难？旅卦又给了我们哪些重要的警示呢？

第一百二十五集　行旅之道

周文王当年把丰卦安排在第五十五卦，是因为五十五这个数字正好是天数加地数的总和，也就是我们常说的天地之数，表示非常丰盛、非常丰硕，什么资源都有，而且民心所向。可是纣王看到周文王，总是很不舒服，想尽办法要收服他，甚至想把他杀掉，所以便借故将周文王请来。当周文王离开自己领土的时候，他就变成了一个旅人，即旅居在外的人。那时候他的心情，以及他的遭遇，通通表现在《易经》第五十六卦——旅卦了。

丰、旅相综（图125-1），是《易经》里面一个非常显著的物极必反的案例，所以我们应该好好地把这两个综卦合在一起研究一下。旅卦一个卦就可以代表人的一生，因为人本来就是到地球上来做旅客的，我们不是它的主人。如果一个人了解了"旅"的心情，就知道怎样安度一生。旅卦从字面上来看，只是告诉我们出外旅行，或者逃亡在外，或者为了做生意到外面去，或者为了种种原因离家背井，我们应该怎么做。但是再深一层讲，就是一个人来到地球做几十年的客人，应该怎样安身立命。

图125-1

《杂卦传》就把丰跟旅相对来看：丰，多故也。亲寡，旅也。什么叫

丰？就是突然间，一个人的亲戚朋友都来了，而且都是他的故交，他就知道自己很丰盛了。可是当亲戚朋友不再跟他来往，打电话也不接的时候，这个人就变成旅人了。所谓旅人在这里其实是很严重的，就是家破人亡，再也没有人理睬了。

《序卦传》告诉我们：**穷大者必失其居，故受之以旅**。一个人丰到无穷尽，我们就知道没有办法永久去维持，因为别人会看不顺眼，想尽办法要把他拉下来。"必失其居"，可能到最后连家都顾不上。"故受之以旅"，所以丰卦之后紧接着就是旅卦了。旅卦的初六爻就是丰卦的上六爻，因为丰到最后，就开始进入旅卦。至于旅卦的后果怎么样，要看一个人的心态如何。

我们先来看旅卦的卦辞（图125-2）：**旅，小亨，旅贞吉**。

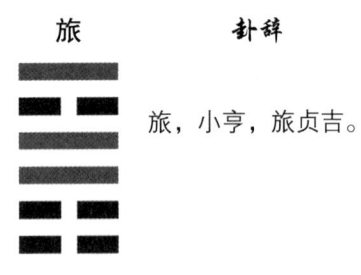

图125-2

处在旅卦，一个人的心态只能求小亨、求苟安，不能求大安、求久安。为什么？假定在国破家亡的时代，我们不得不逃难到外面去，但如果就此一走了之，永远不回故乡，那还算什么人呢？当年刘备答应孙权联姻，娶孙权的妹妹，结果结婚以后流连忘返，把荆州忘得一干二净，我们对他有什么评价呢？好比一个人，被迫离开自己的国家，结果完全丧失了复国的意志。所以，只能小亨，不会大亨。

身处于异乡的旅行者，初来乍到，人生地不熟，只有与当地人和谐相处，才能顺利地融入当地社会。可是，怎样才能被当地人认可？旅卦又会

第一百二十五集　行旅之道

给我们怎样的提示呢？

旅卦彖辞讲得很清楚：旅，小亨。柔得中乎外，而顺乎刚，止而丽乎明，是以小亨，旅贞吉也。旅之时义大矣哉！

"旅"，是卦名。"小亨"，是要有条件的，不是说任何人出门去旅行都可以小亨。这里有两个条件。

第一个，"柔得中乎外，而顺乎刚"。旅卦六五爻在上离这个卦中居中，而且还很柔。它的上面是上九，下面是九四，一个柔爻处在上下两个刚爻之间，它的日子好过吗？当然不好过，动辄得咎，这就是旅人的状态。但是六五爻却跟上九和九四都处得很好，这样才叫作顺乎刚。这就告诉我们，一个人旅行在外，要想跟当地的人处得好，就不要到处嫌这个嫌那个，不要有过分的要求，看哪里都不顺眼。不要到哪里都看不顺眼，就是柔，就能得到外面的支持，才可能小亨。

第二个，"止而丽乎明"。"止"，就是要守分。知道自己是客人，对当地的状况，诸如风俗习惯、人物势力都不是很清楚的时候，最好安分守己，做任何事情都要适可而止。旅卦下卦是艮卦（图125-3），就是提醒我们要止。毕竟离乡背井，出门在外不比家里那么方便。旅卦上卦是离卦（图125-3），所以要"丽乎明"，即如果要请教当地的事情，务必找对人，否则很容易上当。整个旅卦，初六、九四、六五、上九都不当位，也就是三分之二的爻是不当位的，我们就知道这有多可怜。

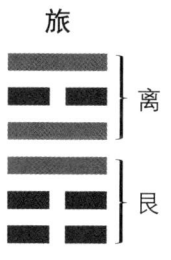

图125-3

"旅贞吉也",如果守贞,按照这两个原则去做的话,还是可以吉祥的。当然,现在的情况有点不一样。我们今天对于出去旅行都是很期待的,而且过程也很愉快。但是仔细想一想,其实这里面隐藏着许多危机,比如路上可能出现车祸,遇到地震、海啸,所以很多事情表面上看起来总觉得还不错,可深一层去思考,往往有太多问题,尤其是旅卦。

象辞特别提醒我们,"旅之时义大矣哉"。在旅的时代,千万要记住,我们可以从旅行中锻炼自己的才智,学到很多东西,这样才叫作行万里路,读万卷书。

古人把"行万里路"和"读万卷书"相提并论,这说明旅行能够积累知识、增长见闻。但是,在旅途中有所收获的同时,人们也会遭遇一些困难。那么,旅卦又将提醒我们,要注意哪些危险的状况呢?

不要忘记,旅卦也可以毁灭一个人的意志,为什么?国破家亡,本来很丰厚的资源现在样样都缺乏,如果一个人还处于国家重要的地位,那心情的落差更大。在这个时候,只求苟安,把命保住,这就是丧志。因此,怎样面对旅的时代,怎样因应旅的环境,意义非常深远。

现在很多人出国观光旅行,都是选在最合适的季节,去人家最美的地方。人家收了我们的钱,都给我们提供很好的服务,所以很多人就感觉到还是外国好,家里一团糟,回来越看越不顺眼。这不是自找麻烦吗?

如果我们把古代的旅和现代的旅对照一下,很容易发现,现代的旅卦内容更丰富、更广泛,几乎什么都可以牵涉到里面。所以,"旅之时义大矣哉"这句话,在现在更值得我们好好去探讨。

旅卦的上卦为离,代表火,下卦为艮,代表山,正如大象传所说"山上有火"。那么,我们应该如何从卦象上理解旅卦的含义呢?山上有火的自然现象又给管理者哪些启示呢?

第一百二十五集　行旅之道

旅卦大象传说：*山上有火，旅。君子以明慎用刑，而不留狱。*

一座山上面怎么会有火呢？很简单，一个人到山上露营，到了晚上，便点起一把火，结果山上的草木都着火了。这就遭殃了。第一，人跑不掉；第二，火会蔓延。当然，火本身是很好的，既可以照明，又可以取暖。但是当发生火灾的时候，它也能把人烧死。君子看到这种景象，心里就很明白，要"以明慎用刑，而不留狱"。

老实讲，治理一个国家，领导一个团体，不能没有威严，否则谁也不听管教。但是，如果过分地残暴，过分地苛刻，谁也受不了，人迟早会跑光，所以要明慎用刑。刑是必要的，但刑要特别小心，不要出差错，因此，下面四个字显得尤为重要：而不留狱。什么是"而不留狱"？不是不把犯人关在监狱里面，而是慎重地审理案件，不要造成冤狱。"留"，很关键。如果一个案子一年年拖下去，而不做断定，等到这个人被活活关死在监牢里，那才叫冤枉。这比判刑还要狠，还要残忍。所以，用刑之前，君子一定要慎重去考察，否则就会造成冤狱。所以，这里的"不留狱"，是有深刻含义的。

立法要凭良心，司法要凭良心，执法也要凭良心。如果把一个人关在监狱里面，就是不审理他的案子，直到他死去，这比造成冤狱更加可怕，为什么？因为很难矫正。这种状况不管对政府，还是对老百姓，都是大害。周文王在三千年前就告诉了我们这种弊端，可见《易经》是与时俱进的，不管人类发展到什么时候，它的道理都是适用的。

立法要凭良心，司法要凭良心，执法也要凭良心。
——《易经》的智慧

旅卦位于丰卦之后，象征着事物达到顶峰之后，逐渐走向衰败的过程，有盛极而衰、物极必反之意。司马光曾说过："由俭入奢易，由奢入俭难。"当人生从高峰跌入低谷时，我们应该保持怎样的心态呢？

旅是什么？就是丰的不良后果。当一个人处于丰的阶段，如果能够记得旅来时的诸多麻烦，很多事情就会适可而止。尽量把将来那种可能遭遇旅的惨痛降到最低，在旅的时候心里能够充满希望，坚信总有一天会恢复往年的荣景，这样的心态就很好了。

比如很多华侨，尤其是早年的华侨，如果当时他们能够在国内安居乐业，还流浪到国外去干什么呢？他们都是不得已，为了生计才出去做工。可是，他们没有丧志，非常勤俭，并且自持做一个正当的人，最后奋斗了大半辈子，终于有了丰硕的成果，就回到故乡来，这叫落叶归根、荣归故里，这样的旅才有意义。所以，旅的尽头就是丰，丰的尽头必然是旅。既然这样，我们又何必在意太多呢？

在现代生活中，旅行越来越受到人们的青睐，它不仅能丰富自己的阅历，而且可以放松身心，让人们感受到生活的美好。那么，我们应该在旅行中注意些什么呢？

现代人把旅行当作乐趣，好不好呢？也好，也不好，要看怎么来旅行。很多人带副麻将，不管到哪里，坐下来就打。这真是很奇怪，在家打就好了，干吗跑那么远？还有的人听那些导游乱讲，觉得很有趣。想想看，很多旅客最喜欢听的就是摸摸这个会发财、摸摸那个会好运的话，其实那些都是很无聊的事情，但是信的人却很多。当然，导游也有导游的无奈，他正儿八经地讲历史，大家都不喜欢听，反而不着边际地乱讲，大家听得津津有味，这也是事实。所以，任何事情不能怪单方面，它是双方面互动的结果。

我们不了解自己，也不了解什么叫作旅，这是现代人很奇怪的一面。我们应该知道，旅行是干什么的。旅行让我们知道天外有天，让我们知道每个地方有不同的生态环境、风俗习惯，彼此要尊重，不但尊重别人，也要尊重自己。

我们更应该体会老子的主张。老子提出两个字，叫作"自宾"，意思

第一百二十五集　行旅之道

是把自己当作客人。这比自由好很多。一个人到国外去就有自由了吗？就可以随心所欲了吗？当然不行。所以，我们不太可能有无限的自由，但是"自宾"，它有自由的好处，没有自由的流弊。想想看，如果你作为客人来到了某个地方，当然可以随便看看，但是要征得主人的同意，不能自己爱怎么样就怎么样，因为你毕竟不是这里的主人。既然是客人，一切就应该将就一点，不要挑剔，即使不认可当地的很多东西，也要以欣赏的态度来对待。

我经常听很多导游说，凡是到我们这里来旅游的人，如果批评这里不对，那里不对，我心里都觉得好笑，不知道他们是来旅游观光的，还是来给我们难堪的，既然不合心意，干脆不来好了。这是他们的心声。如果去到一个比我们发达的国家，我们当然是赚得多了，因为很多东西在国内看不到，在那边看到了，那我们就应该心存感谢，但也不能回来骄欺国人、胡乱吹捧。比如有的人从意大利回来，就吹嘘人家的多好，国内的多差。这样的人有没有想过听讲人的感受呢？你干脆待在那里好了，干吗要回来呢？这就是不知道什么叫作旅。

现在我们应该很清楚，不管旅行是长期的，还是短期的；不管是去远方，还是在近郊；不管是很辛苦地逃亡，还是很愉快地出游，甚至于跟自己的国家一刀两断，侨居到国外，我们都要注意几个原则。当然我们还是根据中国人的习惯，也是《易经》所讲的，即"无三不成礼"，提出三个要领，而这三个要领都分布在爻辞里面。

旅卦，卦辞很美，旅行、观光、环游世界，当然很愉快，但是它的每一个爻都给我们高度的警惕。旅卦六爻，有四个是不当位的，而且只有初六跟九四相应，其他的爻两两之间各不相应。怎么会有这样的卦呢？失时、失位、失人，什么都没有。接下来，我们继续来讲：旅居之要。

易经的智慧·第一百二十六集　旅居之要

对于孤身一人漂泊在外的人们来说，要如何适应陌生的环境，并且在当地扎根发芽，是一个很现实的问题。《易经》中旅卦告诉我们，在异乡的谋生之路中，稍有不慎就会遭遇挫折与不幸。那么，旅卦会告诉我们哪些规避灾祸的原则呢？在艰难险境的面前，我们又应该怎样调整自我，以顺利渡过难关呢？

第一百二十六集　旅居之要

旅卦六爻，有三个阴爻、三个阳爻。三个阴爻可以想象成，一个人跟着别人去旅行；而三个阳爻，就是自己出去旅行。一个是追随别人，一个是自行决定，当然这不是硬性的区分。因为初六是没有办法自足的：第一，它不当位；第二，它在整个旅卦最低微的位置。很显然，不管是初六自己出去闯天下，还是去逃亡，都是做不到的。

因此，初六爻辞（图126-1）直截了当地讲：**旅琐琐，斯其所取灾**。

初六，旅琐琐，斯其所取灾。

图126-1

"旅琐琐"，在旅途当中，有很多琐碎的事务，必须自己料理。"其所取灾"，即由自己找来的麻烦。以前都是别人帮忙弄得好好的，怎么现在要自己来做呢？要知道，有时候就算自己动手，都不一定能得到好结果。一切都是咎由自取，自作自受的。

一个年轻人，刚刚大学毕业进入社会，一下子能做什么大事情呢？只好从那些琐碎的事情做起。如果学历再差一点，只好去打工。但是，千万不要因为眼前这种现状，就怀忧丧志，认为自己这辈子都没有前途了。

小象讲得最清楚：**旅琐琐，志穷灾也**。这给我们提出了一个警示，看

到"旅琐琐",就应该提高警觉,不要因此而失志。只有保持奋斗的信心与志气,才有翻身的一天,否则只能一辈子"旅琐琐"。"志穷灾也",字面上的意思是穷途末路,失去了意志而引起灾难;深一层的意思是提醒我们,要想办法去改变眼前的这种状况。

旅卦告诉我们,那些为生存而行走天涯的旅行者,由于人生地不熟,总是会遇到诸多困难,甚至会落入饥而不得食、寒而不得衣的境地。那么,当旅行者经过努力,终于走出初六爻的困境,进入六二爻时,又应该注意些什么呢?

在整个卦里,初六是唯一有相应的爻的,就是九四。既然初六跟九四相应,九四是应该拉它一把的,可是为什么现在九四也不帮它呢?原因很简单,九四自己也很麻烦,因为上面有六五爻压制着。六五在九四之上,即九四阳爻被六五阴爻所凌乘,自己都忙不过来,再加上就算它想帮初六,可是初六自己不争气,所以九四干脆放弃了。上面本来有人可以帮忙,可是现在人家又不管了,下面的人冷眼旁观、讽刺挖苦。但是初六必须面对现实,"旅琐琐,斯其所取灾",这是初六必经的过程,不能怨天尤人。

六二比初六的境况稍微要好一点,因为六二当位,且在下艮的中爻,同时又跟上面的九三处得不错,这样就比较容易得到一个帮助它的能量。我们先来看六二的爻辞(图126-2):旅即次,怀其资,得童仆贞。

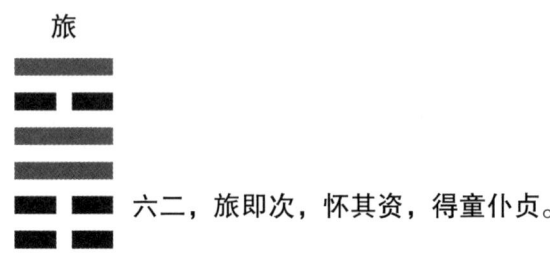

图126-2

第一百二十六集 旅居之要

"旅即次","旅",在这里有一点流浪的意思;"即",得到;"次",居住的场所。在旅途当中,得到一个居住的地方,不管是旅馆也好,别人家的客厅也罢,反正暂时有一个安身的地方。"怀其资",别人给予一些生活的物资。"得童仆贞",而且还安排两个小童来帮忙。这实在是太好了,因为这样一来,六二就可以摆脱"旅琐琐"的纠缠,并且一些小事情总算有人帮忙。虽然这个时候,自己还不是很安定,但起码可以做些事情了。

当旅行者好不容易在当地安定下来后,有的人并不满于现状,于是得寸进尺,想要得到更多的资源。那么,这种行为会招致怎样的后果呢?

接着看九三,爻辞(图126-3)是:旅焚其次,丧其童仆,贞厉。

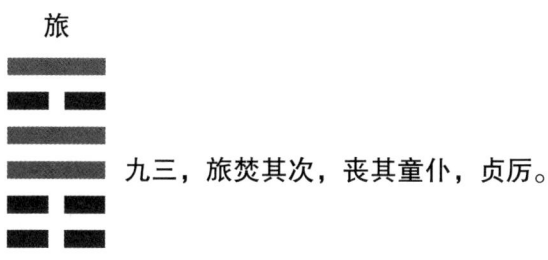

图126-3

"旅焚其次",在旅途当中,住的地方被烧掉了。"丧其童仆",本来让自己使唤的人,也跑光了。"贞厉",这个时候就算走得很正,也是危险的。为什么?因为已经得罪主人了。

把这一爻的意思扩大一点,我们就可以理解得更加清楚。很多华侨去到别的国家,从初六"旅琐琐"开始,慢慢地到六二"旅即次,怀其资",然后"得童仆贞"。等到九三爻的时候,就开始扬眉吐气了。我们最常听到的一句话就是:要参与当地的政治,政治才能主导一切。如果你是华侨,在美国传承了好几代,家大业大,就出来竞选纽约市市长,这样

做好不好呢？最起码我是非常不赞成的，因为政治是当地人的事。

在很多地方，我们的华侨做得非常成功：他们只经营公司，只求在当地跟大家好好相处，绝不过问政治。他们很守分，既表示对当地人的一份尊重，也表示并没有抢夺当地人的意思。这是为什么呢？因为九三还是在艮卦，要适可而止。但是偏偏九三既当位，又在艮卦的最上端，这样的人是不满足于现状的，于是就开始参与政治，觉得只有这样才能发挥自己的理想。结果搞到最后，房子被烧掉了，跟随自己的人通通跑光了，这实在非常危险。

小象说：**旅焚其次，亦以伤矣。以旅与下，其义丧也**。之所以搞到所有东西一下子都没有了，就是因为过分了。"亦以伤矣"，是非常悲伤的事情，想挽回也挽回不了，谁叫你当时不适可而止呢？谁叫你偏听别人那些恭维的话，把你推到上面去，他们都跑掉了，剩下你一个人孤零零地吊在半空中？"以旅与下"，若是一个人旅居他乡，还在私下里争取民心，当地的政府绝对受不了。他们会认为这个人想霸占他们的地盘，转移他们的人心，这让他们怎么当领导呢？"其义丧也"，已经失去了身为一个旅客应该有的态度。

孔子当年在列国游学的时候，有人笑他"知其不可而为之"，有人讨厌他，叫他去别的地方，有人嘲笑他像丧家之狗。读到这里，我们应该体会到孔子为什么要那样做。就孔子而言，初六、六二做得都非常好，但坚持不到九三。孔子是一位伟大的旅人，但是他也有自己的无奈。他之所以绝粮于陈，就是因为楚国想聘请他去，陈国怕楚国在孔子的帮助下，一旦强大起来，自己国家就倒霉了，所以与其那样子，不如趁早把他干掉。这就是九三爻的"旅焚其次"。我们一再奉劝各位，读《易经》要站得高一点，想得远一点，这样才能看得更加清楚。

孔子在陈绝粮的故事告诉我们，一个很有才能的旅行者，只要对当地人稍有不利，就有可能落入无处安身、食不果腹的境地。当人们千辛万苦地走过前三爻后，到了九四爻，情况会有所好转吗？我们应该如何面对九四爻的境遇呢？

第一百二十六集 旅居之要

九四爻代表的是那些有才气、有能力，但是受到领导歧视，被流放到外面去的人。九四处在六五之下，日子是不好过的。因此，不管到哪个地方去，他都知道这只是自己暂时栖息的地方。因为上面随时可以改变主意，又把自己派到别的地方去。

九四爻辞（图126-4）说：**旅于处，得其资斧，我心不快。**

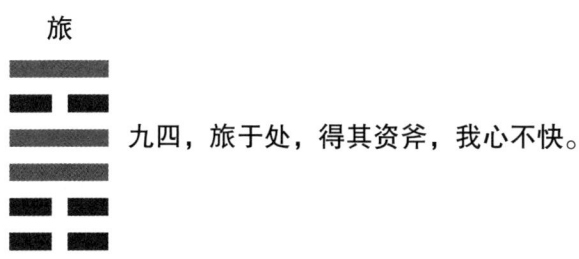

图126-4

"旅于处"，既然现在只能待在这里，就要守正道，否则可能马上被流放到别的地方去。九四是身不由己的，自己做不了决定。"得其资斧"，虽然上面会给予一些资助，但都是工具，并不是真正可以用的资源。九四必须自己动手去做，因为总得想办法糊口。"我心不快"，"我"，指的就是九四。在这种情况之下，九四怎么能快乐呢？

我们可以看到，九三、九四的日子都不好过。因为九三、九四都有独当一面的才能，容易引起别人的嫉妒，所以更得格外小心。这告诉我们，当一个人在童年的时候，是初六、六二，有什么错误别人很容易谅解，因为大人不会跟小孩子计较。可是到了九三、九四，就是青壮年了，稍微出一点差错，可能工作就没有了，连住的地方都被烧掉了。这是很凄惨的。

旅卦的第四爻告诉我们，在旅途中，一个很有才能的人，哪怕身居高位，也不能随心所欲，只有坚守正道，恪守其分，才能顺利地度过这段危险时期。然而，这种辛苦的生活，在旅卦六五爻的阶段，会有所改变吗？

六五爻辞（图126-5）是：**射雉一矢亡，终以誉命。**

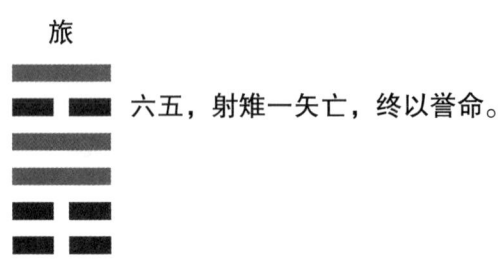

图126-5

初六是"旅琐琐"，六二"旅即次"，九三"旅焚其次"，九四"旅于处"，而六五连个"旅"字都没有，这是什么道理呢？其实，没有"旅"才是比较重要的，因为旅行终究不是长久的事，最要紧的是能够顺利地离开，终结旅途。换句话说，一个人最要紧的，就是最后能够死得心安理得。这是旅卦六五爻给我们最大的启示。当一个人奋斗到六五的时候，虽然上面有上九压制，下面又有阳刚的九四，实在很辛苦，但是最后还是会得到该有的荣誉。

小象解释得很清楚：**终以誉命，上逮也。**"逮"，亲近的意思。那"上逮"是不是巴结上九呢？不是，其实这里少了一个字，应该叫作"上下逮也"。六五不但跟上九爻处得好，而且还跟九四爻也处得好。两面都处得不错，因为六五是个阴柔之爻，如果上下两个阳刚之爻一夹攻，它就糟糕了。好不容易来到六五的位置，要兼顾左右邻居、上下关系，小心翼翼地想办法去亲近它们，这样的话，最后才能得到美誉。这告诉我们，不管到哪个地方，一定要知道主人是谁，尤其在他的地盘上。凡是常常出外旅行的人，都有这方面的经验，得罪了当地的主人，虽然主人还是对自己很客气，但是底下的人就开始处处刁难了。最后，还是自己最倒霉。

所以，尽管六五很柔弱，但不要小看它。它有本事分别跟上九和九四都处得好，这就是"上下逮也"。"上下逮也"，其实就是说六五的表现，不仅让上面乐意亲近自己，也让下面乐意亲近自己，这样才能够"终

第一百二十六集 旅居之要

以誉命"。

"上下逮也"告诉我们，只有懂得尊重当地的人，与左邻右舍处好关系，才能规避旅途中的风险，而且能同时获得上级和下级的美誉，最后得到"终以誉命"的结果。但是，如果我们一味地盲目自大、目中无人，又将会遇到哪些难题呢？

上九爻，是旅卦的最后一爻，高亢不当位，又处在"亢龙有悔"的位置，所以它的爻辞是凄凄惨惨的。其爻辞（图126-6）说：**鸟焚其巢，旅人先笑后号咷。丧牛于易，凶。**

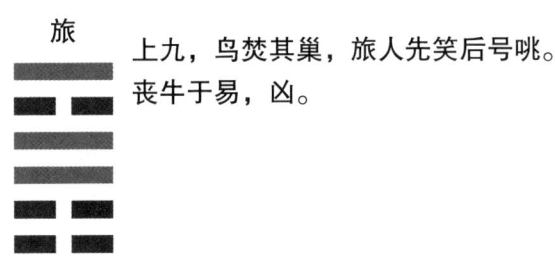

图126-6

"鸟焚其巢"，一个旅客如果过分高亢自大，看不起人，到处得罪人，就好比鸟巢的下面有一堆火，随时会把整个巢烧掉。

在旅卦的六个爻里面，只有这个爻直截了当地说"凶"，为什么？"丧牛于易"，牛在《易经》中出现的所有动物里面是最顺服的一种，结果上九却失去了牛的那种顺服气。换句话说，一个旅客，丢掉了跟当地相配合、顺应当地环境的心态，一定是凶。

大家想想看，为什么我们在旅途当中老是出问题，不是被骗就是被打？因为当地人不欺负我们欺负谁呢？我们是陌生人，在他们的地盘还耀武扬威，他们不教训我们还教训谁呢？

小象说：**以旅在上，其义焚也。丧牛于易，终莫之闻也。**"以旅在

上,其义焚也",一个人在旅卦的时候,还高高在上,那危险性一定很高。"丧牛于易,终莫之闻也",忘记了顺应当地环境的心态,结果就没有人过问,一定是倒霉的。这告诉我们,一个人身处他乡,还得意忘形、目中无人,是高度危险的。

> 一个人身处他乡,还得意忘形、目中无人,是高度危险的。
> ——《易经》的智慧

这样各位才知道,为什么很多人到了外地都非常低调。全世界在这方面做得最好的,是犹太人。我的一位犹太朋友,不管到哪个地方去,一定住最好的旅馆,但是吃得却很省。我很好奇,就问他:"你干吗这样?"他说:"我一共就这么多钱,如果又要住五星级饭店,又要吃大餐,那不是跟自己过不去吗?但是我把吃跟住衡量了一下,觉得吃得马虎一点可以接受,但是如果住的地方不安全,晚上半夜三更出了差错,怎么办?"这就对了。出门在外,住一定要安全,至于吃,只要维持基本生活就可以,不必那么讲究。

有一次我出外旅游,到了晚上想喝点水,房间里没有水,我就到厨房去找。到了厨房,一个人都没有,但是已经失火了。我赶快喊厨房着火了,没有人听到,于是跑到附近一看,厨工都在打牌。我说着火了,竟然没人相信。没有办法,我只好拉了一个人回去。这是活生生的一个案例。

我们终其一生,不管什么时候出去旅游,都要了解当地的风俗人情,这叫作入境问俗。所以,我们要用巽卦的态度,即入的态度来过一生。这样各位才明白,为什么旅卦的后面就是巽卦。巽卦是说一个人要柔得其宜,要了解一生的遭遇,一定要顺着它,才能够应对真正的情况。只有进入真正的情况,我们才知道什么是合理的,什么是不合理的,然后好好地过一生。接下来,我们就要讲:柔得其宜。

易经的智慧・第一百二十七集

柔得其宜

谦顺礼让一直是我们中华民族的传统美德，华夏几千年的谦顺之风传承至今，已经形成了我们鲜明的民族个性。在《易经》中，就讲了一个关于谦虚柔顺的卦——巽卦。我们经常说"满招损，谦受益"，做人做事谦虚低调，往往能显示出一个人的知识和修养达到了一定的沉淀，也能显示出一个人的人生境界以及人格魅力。那么，这是不是就要求我们要事事谦卑、处处忍让？如果是这样，还有什么原则可言？《易经》中的巽卦，能否解开这些疑问呢？

第一百二十七集　柔得其宜

巽卦（图127-1），上卦是巽，下卦还是巽，叫作上巽下巽，但是同时也不要忘记下巽上巽，即上下的态度要一致。如果巽卦是讲做人就应该很卑顺，那干脆叫顺卦好了，何必叫巽卦呢？可见，这个卦并不是告诉我们一路卑顺到底，也绝无此事。相信大家都见过，风吹过之后，草顺着风的方向倒下去，可是风停下的时候，草又直立起来，恢复原来的样子。所以，仅仅是一阵风，是不能收到效果的。只有一阵一阵地接着吹，慢慢才会改变原来的东西，才会让原有的顺从新的。

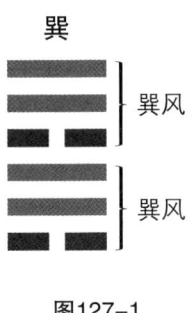

图127-1

如果把巽卦的阳爻变成阴爻，阴爻变成阳爻，就是震卦（图127-2）。意思是说，如果只让它感动，它不一定会顺从，而是一定要震，震得它害怕了，自然就顺了。比如鼓，在它很响的时候，即使稍微轻轻一撞，弹回来的力道也是很大的。我们人本来是很灵光的，人家轻轻一点，就会醒，但后来越来越不灵光了。这跟人性没有关系，完全是后天养成的习惯。后天的习惯如果变成大家的，就成了风俗。巽卦是在告诉我们，要改变风俗，即我们现在所讲的"移风易俗"，所以要好好研究一下其中的原则与方式。

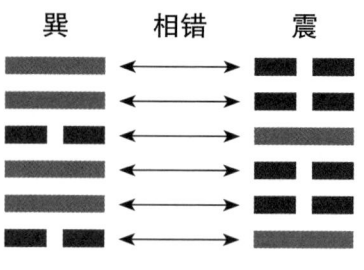

图127-2

巽卦并不是让我们事事谦卑、处处忍让,而是要像风吹草伏一样,风来,草才会伏下,风走,草依然挺立,这是一种为人处世的变通之计。那么,杂卦传和序卦传对巽卦又是如何来诠释的呢?

我们先看杂卦传:**兑见而巽伏也**。把巽卦颠倒过来,就变成兑卦,巽、兑互为综卦(图127-3)。兑卦两个阳爻在下,一个阴爻在上,好像有点儿扬眉吐气的样子,笑嘻嘻的。而巽卦,一个阴爻被两个阳爻压在下面,好像很难支撑,而且阴爻分成两段,好像快要掉出来的眼泪一样,很委屈。所以,兑卦表现出的是欣悦之情,洋溢在脸上,很容易看得出。而巽卦,是把自己卑顺的心态潜伏在里面,至于真假,别人很难分辨。"巽伏也","伏",潜伏的意思。隐藏一下,不表现出来,因为表现出来就是自找麻烦,对自己不利。要知道,事事顺从的人,是没有人格的;样样跟别人顶撞的人,是缺乏修养的。

图127-3

第一百二十七集 柔得其宜

序卦传提醒我们：*旅而无所容，故受之以巽，巽者入也*。当一个人旅行在外，没有容身之地的时候，就会觉悟到，还是要谦顺于人，还是要跟大家打成一片，还是要入乡随俗。序卦传直截了当地告诉我们：巽者入也。身处外地，一定要谦顺，才能进入新的环境。就好像风一样，虽然很柔，却可以无孔不入，挡都挡不住。但是巽这个卦，并不是这样初步的印象就可以断定的。它不仅仅是叫我们做人要谦顺，多听话，多按照习俗去走就没事了。如果是那样的话，我们也已经讲过了，任何事情都是向反面去发展的，如果它越来越坏，你还顺应它，后果可想而知。我们一定要记住，正当的，才顺；不正当的，为什么还要顺呢？但是，虽然不顺，也不一定是硬碰硬，还可以采取别的方式来因应，甚至反过来影响他，让他自己改变，这才是顺的真正意思，才是巽卦的真正用意。

巽卦告诉我们，谦顺是有一定条件的，必须是符合客观规律，遵循自然之道的，我们才能顺。违背自然规律的，我们要以顺为法，进入事物的内部来影响事态的发展，从而坚守正道。那么，这是不是就是说，谦顺是不用选择对象的？如果对人人都谦顺，不就是盲从吗？其中的奥妙之处究竟在哪里呢？

我们来看巽卦的卦辞（图127-4）：*巽，小亨，利有攸往，利见大人。*

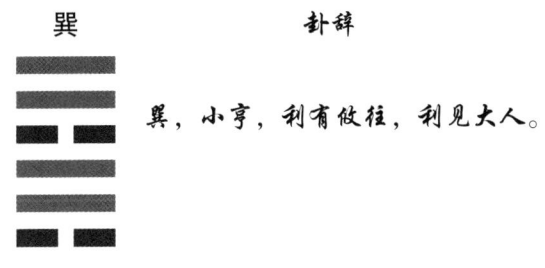

图127-4

"巽"，是卦名。"小亨"，一个人很谦顺，所得到的顶多是小小的

亨通,不可能大亨、大通的。这是为什么呢?一个人太顺,别人就不再把他当一回事,本来对他的态度还蛮合理的,现在看他这么顺,别人很容易得寸进尺,开始不断地加大要求,最后这个人还是顺不了,怎么可能大亨呢?"利有攸往",以这种心态、这种态度,去做任何事情,大概都是比较方便、比较有利的。但是,这还是有条件的,就是"利见大人",即表现在大人的身上才有利,否则还是不利的。换句话说,我们所请来的那个对象一定是位大人,而我们自己本身也要有一点大人的修养。

接着看彖辞:重巽以申命,刚巽乎中正而志行。柔皆顺乎刚,是以小亨,利有攸往,利见大人。

"重巽",即两个巽卦重叠起来。"重巽以申命",想要发布一个命令,一定要一而再、再而三地把它说清楚,大家才听得懂,才记得住,才做得出来。"刚巽乎中正而志行","刚",指的是九五,九五不仅当位,而且行得很正。"志行",令出必行的意思。九五阳刚当位,既合理又正确,有毅力和意志可以全力来推行。"柔皆顺乎刚",柔之所以要顺乎刚,就是因为顺它,才会赢它。所以,柔弱为什么能够胜刚强,我们可以从巽卦里面找到答案。柔弱顺刚强,最后改变刚强,就赢了。否则,柔弱永远挡不住刚强,更别说赢了。柔顺乎刚,还要注意一点,要有合理的目标、坚强的意志,百折不挠地实施自己的理想。"是以小亨",只能够有小小的亨通,没办法大通、大安。巽卦的用意并不是叫我们一味地顺,所以我们每次讲到孝顺的时候,都表示很怀疑。为什么要孝顺呢?如果父母的话错了,子女也要孝顺吗?有人说,不顺着父母他们就打骂,给自己难堪。我们只能说这样的人选择的方式不对。要怎么办呢?以柔来顺刚,但是这当中还要有自己的一套方法,才能够因人得宜。

"利有攸往",也是有条件的,就是要"利见大人"。巽卦阴爻在下,很谦虚,很谦顺,很卑微,上面当然令出必行。我们看到的事实也是这样的,子女一听话,父母就可以任意发出命令;学生一听话,老师就可以布置一大堆作业;老百姓一听话,政府爱怎样就怎样。因此,作为子女,要看看父母给出的命令是不是合理;作为学生,要看看老师布置作业

第一百二十七集　柔得其宜

的分量是不是合适；作为百姓，要看看政府的政令是不是为老百姓着想。如果是的话，当然要顺，如果不是的话，那就不要顺了。该不顺的时候，还有自己的一套方法来不顺，这就叫作巽卦。巽卦并不是告诉我们要以卑顺立身，因为那是小人。我们要了解，对人谦顺有一个条件，合理才顺；不合理，就不要顺。尊重别人是好的，但是为了一己私利，费尽心机博得别人的好感，那便是可耻的事情。

一个人要做大事，除了任劳之外，还有一个很重要的条件叫作任怨，因为光是任劳，只能做小事而已。任劳任怨，就不可能处处都谦顺，该顶嘴就顶嘴，该不干的事情就不干，有意见还要说。但是，千万记住，要讲得对方听得进去，要说得有结果，要做得不会害死自己，这样才叫作巽。

> 一个人要做大事，除了任劳之外，还有一个很重要的条件叫作任怨，因为光是任劳，只能做小事而已。
> ——《易经》的智慧

谦虚柔顺，择善而从，才是我们做人做事应有的行为和态度。在现实生活中，为人谦顺有礼、恭谨和善才容易被人接纳，从而得到帮助。那么，巽卦的大象传又告诉我们一个什么样的人生智慧呢？

巽卦大象传说：*随风，巽。**君子以申命行事。*

什么是"随风"呢？就是连续相随的风，而不是随一阵就没有了，或者吹一阵就停了。巽卦上下都是巽，所以光是上面的风不够，还要有下面的风来帮助它；只有下面的风也不够威力，还要有上面的风加强它的力度。我们马上可以联想到，处于巽卦下卦的人对现行的状况不满意，想要移风易俗，便提出积极的、正面的建议。而处于巽卦上卦的人，要加以合理的调整，然后做出示范。这样上下互动，很快就可以把所有不好的风俗改变过来。这里上下不是同工，而是配合。下面要改变风俗，但力道不够，所以便提供意见，让上面调整以后，率先做出典范，一下子就可以全

面地改变现状。

君子看到这种状况,就领悟到要"以申命行事"。"申",即反复晓谕,一再告知。不可以说自己讲过了,至于别人听没听清楚,跟自己没有关系。作为君子,要发布一项新命令,都要经过深思熟虑,自己心里很清楚,但要别人一下子明白并没有那么容易。所以,要把自己的命令反复多说几遍,打比喻、讲道理,然后实施一段时间,让大家养成习惯,才算完成任务。

其实我们可以看到,现在政府机关的门类很多,比如财政部有什么新的政策,光是由这个部门去向人民宣布的话,效果不大。因为大家一听会觉得光是财政部有这样的意见,说不定其他部还不支持呢,那我们干吗要听?但是我们也常说一句话,不在其位不谋其政。财政部的事情,就算移到管理部门,他们也管不了,若是管的话,倒还显得他们自己多事。其实,如果读了巽卦,我们就知道不是这样的。政府如果有一个跟全民有关的新政策,各部门应该统一步调,同时从不同的层次、不同的方面来说同样的话,老百姓才知道新命令确定不会再变了,自然很容易接受。

在现实生活中,颁布一个命令或推行一项措施时,执行部门的单方面或单一次的推行,效果往往是不好的。只有耐心地三令五申,通过一遍又一遍地督促及提醒后,老百姓才能慢慢接受。而巽卦的象辞又告诉我们,"柔皆顺乎刚,是以小亨"。这里的柔顺刚与老子的"柔弱胜刚强"之间,又有什么奇妙的关系呢?

巽道跟老子的"柔弱胜刚强"是相通的。巽卦六个爻当中,只有两个柔弱的阴爻,其余四个都是刚强的阳爻。但是最后,四个阳刚之爻,通通被两个柔弱之爻化掉了。这样我们才知道,柔有柔的力量。若是跟对方硬干,只能两败俱伤,没有好处。可是现在,柔知道讲究方法,有自己的一套本事,最终战胜了刚强。这点值得我们好好体会。

一般人都知道要柔,可一旦受到刺激,往往就不柔了,这是因为人很

第一百二十七集　柔得其宜

容易受到感情冲动的影响。我们一再说"柔能克刚"，道理是对的，可真正做得到的人并不多。巽卦非常重要，它之所以排在旅卦之后就是为了告诉我们，吃尽苦头，不要再嘴硬，不要再感情用事，要学会用柔，否则最后还会倒霉。

但是，怎么来证明柔弱胜刚强呢？这非常容易。举个例子，你刚骂完一个人，心里头马上就会想他会不会报复自己，会不会在自己没有防备的时候暗算一把，会不会找人回头给自己难堪……一般人都是这样，骂人的时候理直气壮，骂完以后就开始心虚。那么，为什么不汲取教训呢？一时的气愤经常造成后患无穷，当我们脸红脖子粗的时候，都是不顾后果，一吐为快的，而一旦冷静下来，便开始担心害怕。相信这种感觉谁都有，最好的办法是汲取宝贵的经验和教训，慢慢地修养自己，用理智来指导感情。

讲到"百善孝为先"，我们至少不敢反对。虽然有些人心里会冷笑：什么年代了还讲孝？但却没有人敢站出来讲，这还算好的。但是下面还有一句话，"万恶淫为首"，马上就有人敢站出来讲。"百善孝为先，万恶淫为首"，后半段已经被西方的风气整个冲垮了，如果前面这半段还保留不下来的话，中华民族该何去何从？中华文化该如何自持呢？

我们一再说明，顺，不是立身之道。如果顺成为立身之道，那做人太容易了，只要是是是、好好好便可以了。但是，这样的话，我们还有什么前途？人类还有什么希望呢？

巽卦并不是要我们以顺为立身之道。中华民族传承几千年的优良传统，是要我们择善而从，内方外圆。在现代社会日益激烈的竞争之中，我们又该如何来灵活地运用巽卦的智慧，从而得到更好的发展呢？

请问大家，巽卦上卦三爻中哪个是卦主？物以稀为贵，当然是六四。同样的道理，下卦的卦主是初六。它们都是阴爻，以柔为主。一方面告诉我们要谦顺，另一方面告诉我们这是卑下的行为，不要老是这样，否则一点骨气和价值都没有。要知道，巽卦是一种变通之技，当不得不顺的时

候，就要顺，当不顺会牺牲的时候，绝对保命要紧。我们常说，"人在屋檐下，不得不低头"，但不能长期低头弯腰。所以，我们可以这么说，巽卦不是一种圆滑，而应该是一种圆通。所谓圆通，就是威武不能屈。但到了屋檐底下，心甘情愿低头，保全自己是为了走更远的路。换句话说，巽卦讲的是一种权宜的应变，而不是长期的原则。做人，要顺得合理，该顺才顺，不该顺就不顺，但是不顺却不一定要表现出来。

讲到这里，我们可以初步了解，做父母的要跟着小孩，不是因为自己讲清楚了，而是小孩不懂事，要保证他的安全。做老师的要跟着自己的学生，保证他学会，所以学生考不及格是老师丢脸，并不全是学生的错。当然，学校也不能规定样样及格才能毕业。像这些，我们学习了巽卦之后，要好好去体会。其实太多事情，是我们自己搞错了方向，结果才适得其反。

巽卦给我们的中心思想是谦顺，但还要有为。谦顺有为，才是真正的巽卦、真正的巽道。接下来，我们继续来讲：谦顺有为。

易经的智慧·第一百二十八集

谦顺有为

在生活中，我们经常可以听到这样的词："化民成俗""化若偃草"。这些其实都是在讲教化百姓的，可见思想上的渗透是移风易俗的重要手段。而我们常认为，不论是国家命令的颁布，还是政策的推行，都是由上级部门直接来下达。《易经》中的巽卦却告诉我们，这些其实都是表面现象，实际的情况却恰恰相反，其中又是怎么回事？成功地移风易俗需要一个复杂而艰难的过程，巽卦中的六个爻，又是如何来逐一诠释的呢？

第一百二十八集　谦顺有为

巽卦上下两卦都是巽，都有两个阳爻，一个阴爻。虽然阴爻是卦主，但是位置都很卑微。我们可以分别来看，下卦巽卦提出一些新的想法，上卦巽卦就这些新的想法，经过一定的过滤和调整，然后再推广出去。一般人常常觉得好像我们中华民族的任何事情都是由上而下、雷厉风行的，实际上也可以从另外一个角度来看，即从下面开始去晕染，然后一层一层淘汰，慢慢成熟，到了上面才由上卦来发号施令。换句话说，表面上看起来是由上而下，实际上经常都是由下而上，这叫作亲民，叫作顺应民意。所以，我们是上下交流，上顺下，下顺上，而不是单方面的。这才合乎一阴一阳之谓道。

现在我们先从下卦看起，因为它是根本，是基础，是发源地。所有要改变的，都是老百姓有这样的需求，我们才去改变，而不是上面认为怎么做就怎么做。这点也可以从历史上得到印证，凡是成功的案例都是慢慢一层一层向上反映，最后上面裁决了以后，才由上往下去推行的。

俗话说：知进退，明得失。凡事该退则退，该进则进，这是一种理性与睿智，也是一种豁达与清醒。但是，在现实生活中，我们又该如何把握好这个度呢？到底什么时候该进，什么时候该退？在进退两难的情况下，我们又该怎么办？巽卦中的初六爻，又给了我们一个怎样的警示呢？

初六这个位置，本来应该是阳爻来居的，现在阴爻摆在这个位置，就表示不但地位很卑微，而且才能很弱。这样一种低微的身份，想要干什么都很为难。我们先来看初六的爻辞（图128-1）：**进退，利武人之贞**。

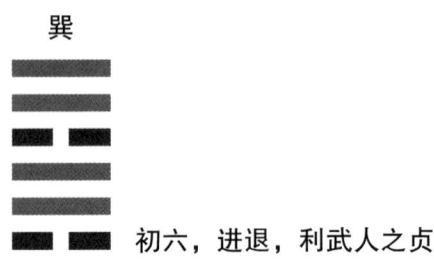

图128-1

"进退",意思是进也不对,退也不对,游移不定,左右为难。大家可以看到,当年轻人感觉到不对劲的时候,就想要提出改革,这是好意。可他们讲的话没有人听,提出的意见也没有人理会,所以又能怎么样呢?因此这些年轻人就进进退退,有气无力,好像畏首畏尾,不敢决断。实际上,是他们的身份跟地位都不足以产生多大的影响力。

照理说,就整个下卦来看,初六是领头羊,应该讲出心里话,但是整个环境使得它进退两难。所以,爻辞把这个现象描述了以后,接着讲了一句话,叫作"利武人之贞"。意思是说作为一个武士,老是这样进退两难,什么都不敢决定,那还打什么仗?作为领头羊还有什么用?因此,这里是提出一个警告,要么不说东说西,要么就勇敢地说出来。

小象说得非常清楚:进退,志疑也。利武人之贞,志治也。"进退,志疑也",之所以会这样进退不定,是因为对自己的意志产生怀疑。自己的意志力都不够坚定,还能怪谁呢?现在很多年轻人愤世嫉俗,这个看不惯那个也看不惯,但是又没有办法去改变,这时候就应该体会一下初六爻的意思。要先把自己的定位搞清楚,再看看自己有没有足够的意志。

"利武人之贞,志治也","志治",治理自己的意志,振奋自己的志气。要么不做,要做就勇敢地挺身而出,大声说出自己的意见并坚持下去。其实一切的改变,整个风俗的更新,都需要年轻人这种无比坚强的意志力。因此,小象就给予了初六爻很多勉励。要像军师一样,遇事沉稳不胆怯,要振奋自己的志气,表现出勇敢的态度。一个人意志要坚定,这样

第一百二十八集　谦顺有为

碰到事情才不会犹豫不决，别人才会重视自己，才会来听听自己到底在讲什么。

无论是新政策的推行，还是旧风俗的改变，在实际的实施当中都不会是一帆风顺的，这就需要执行者必须有一个正确的心态。那么，在面对问题时，是选择事事顺乎民意、谦逊礼让，还是大刀阔斧、强力推行？巽卦中的九二爻和九三爻又是如何来诠释的呢？

九二爻跟初六爻情况不太一样。因为九二爻已经是整个改变的主导者，不是那个冲刺、去试试看的人。九二有谋有勇，必须去推动改革。因此，爻辞（图128-2）说：**巽在床下，用史巫纷若，吉，无咎。**

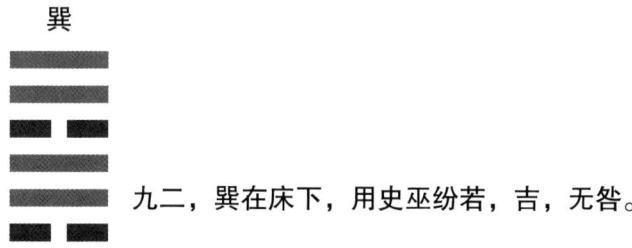

图128-2

"巽在床下"，是什么意思呢？以前，我们的床是分上下的，不像现在都是一样的。睡上床的人，往往是比较有分量的人。那个随时有事情叫他去的人，多半是睡下床的。如果两个人年纪一大一小，那年纪大的人一定睡上床，年纪小的就睡下床。

"用史巫纷若"，"用"，效法。"史"，向神明去祷告的人。"巫"，指的是降神的人，就是被神附体来讲出一些神的信息的人。"纷若"，很多意见。一个社会如果要改变、要移风易俗的话，不可能只有一种意见。有人主张这样改，有人倡导那样变，各人有各人的意见，怎么办呢？为什么要效法向神祷告的人，效法那个代替神来传达资讯的人，这又

在说什么呢?

我们必须要说明,在《易经》里面,神是自然的意思。人要向自然学习,用自然做标准,来评判谁讲的话比较合乎自然的规律。《易经》好几次提到要祭祀,要虔诚地向神明祷告,都在告诉我们,你说了不算,他说了也不算。所以,当帝王的,都要祭天;当大官的,不管有多大的权势,都要禀告祖宗、祭告神明。这都在告诉我们,不是他一个人说了算。他还要向自然学习,尊重自然规律。如果做到这一点,就很吉顺,去改变也没有什么后遗症,即"无咎"。

小象说:**纷若之吉,得中也**。"中",是宇宙的自然现象,用现代的话来讲,叫作合理。九二合理衡量大家所讲的话,尊重每一个人的意见,并找出那些比较合理的,然后再征求大家的看法,慢慢商量出一种普遍能被接受的意见,这是九二应该做的事情。

接着看九三,其爻辞(图128-3)说:**频巽,吝**。

图128-3

"频巽","频",皱眉头。很痛苦,皱了个眉头,低声下气的。"吝",很遗憾,一脸苦笑,无可奈何的样子。这告诉我们,一个人太刚强了,会很难看。

因此,九三的小象说:**频巽之吝,志穷也**。你觉得自己是英雄,很刚强,可是却没有那样的权势。九三被六四压制,上面又没有人支援,就算再有英雄气概,到最后也是志穷而已。势不够强,志不够坚,就是因为过刚的缘故。处处表现出刚,所有人都提防、反感,反而得不到想要的

第一百二十八集　谦顺有为

效果。

我们可以看到，九二之所以本来不吉最后却变成吉，就是因为它很虔诚。它告诉大家，这些主张、这些改变，完全没有私人的利益和感情的成分，一切都是秉公办理，顺应天地自然来做的决定。而九三虽然以阳居刚，但是它不忠，又看到有六四，就介入了，不能够止阴，一定是不顺畅的。

巽卦告诉我们，一个新政策的推行或是旧风俗的改变，都是由下向上去晕染，慢慢成熟后，才由上级部门加以整理、实践，然后上行下仿，这样就能很快地遍及社会。这才是老百姓所期待的上顺下、下顺上。以顺为道，才会无往不利。那么，巽卦中的六四爻又告诉了我们什么呢？

六四爻辞（图128-4）说：**悔亡，田获三品。**

图128-4

"悔亡"，前面已经讲过很多次了，《易经》里面凡是讲"悔亡"的，就是本来有悔的，现在没有了。六四下面是九三，这叫作柔乘刚，阴乘阳；而上面是九五，阳爻。一个阴柔之爻，夹在两个阳刚之爻中间，两面为难，怎么能无悔呢？这里六四对上、对下都发挥自己的柔顺之道，跟他们相处得很好，自然没有悔，而且还可以"田获三品"。意思是说去狩猎的时候，可以打到很多的祭品。

为什么这里会讲"田获三品"呢？因为那时候国家的大事，只有两个：一是祭祀，二是军事。很显然，巽卦跟军事无关，虽然初六爻说"利

武人之贞",但绝对不是要采取军事行动,绝对没有动武的那种念头。因此,我们可以想象到,巽卦是跟祭祀有关的。去打猎得到很多祭品,用来祭天地,或者跟宾客分享,这都可以。

小象告诉我们:田获三品,有功也。既然有这么大的收获,一定会马到成功。我们只要顺着去走,不必担心有什么后遗症。六四以柔乘刚,本来是有悔的,现在因为获得很多猎品,可以面面周全,上面跟九五有交代,下面跟九三打好交道,自然"悔亡"。

巽卦中的六四爻告诉我们,在生活中要恪守顺从之道,始终如一地贯彻执行制定的政策,才能获得事业上的成功。那么,在推行一项新政策或新措施之前,身为领导人,需要怎样做才能顺乎民意,无往不利?巽卦中的九五爻又给了我们怎样的启发呢?

接着看九五,其爻辞(图128-5)是:贞吉,悔亡,无不利。无初有终。先庚三日,后庚三日,吉。

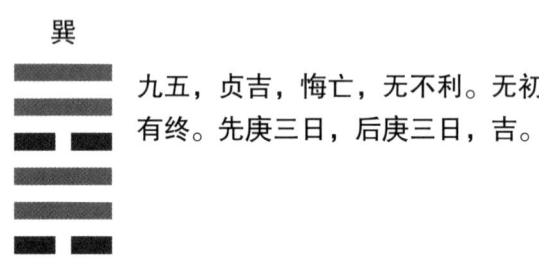

图128-5

九五一开始就说"贞吉",不但"贞吉",而且"悔亡",再加"无不利",就是说怎么做都对。整个卦就是靠九五而已,九五并不是自以为是,想怎么改就怎么改,而是先静下来,听听下卦的晕染,看看它们整个过程,并思考将来到了自己这里要怎么裁决,怎么合理调整,才能够合乎民心、顺应民情,满足各方面的需求,这样自然"贞吉",也没有后悔的

第一百二十八集　谦顺有为

余地、不利的地方。

可是，爻辞接着说了四个字：无初有终。就算九五这样做，可一旦发号施令下去，还是有些人不满意。因为大家有那么多不同的意见，谁都不能面面顾到，把每个人的意见都包含在内，难免遗漏一些，势必让别人感觉到有所偏向，进而对九五发牢骚，甚至抗拒。这时候怎么办呢？不要急，只要做到"先庚三日，后庚三日"，最后的效果就很好。"庚"，跟变更的"更"同音。下新命令要变更的前三天，应该充分地跟大家沟通，后面拟定生效的头三天，再给大家一个缓冲的余地，在这段时间违反新规定的人，只是警告而已，不做处罚，让大家慢慢习惯，这样整个过程都会非常顺利。所以，不管做什么事情，一定要严中有宽，宽中有严。对领导人来说，要刚中有柔，柔中带刚，这样的力道是最顺的，也最合乎巽道的要求。

不管做什么事情，一定要严中有宽，宽中有严。
——《易经》的智慧

九五是整个卦的卦主，既当位，行得正，又没有私心，广采各方面的意见，并按照自然规律做出合理决定，自然吉祥。

小象讲得很清楚：*九五之吉，位正中也*。九五凭借自己这个地位，就够了。爻辞一开始没有任何条件，就说"贞吉"，意思是虽然有一个过程，但是九五在这个卦中有绝对的影响力，凭借自己的权势、地位，令出必行，也就没有太多的顾虑，该做便做了。

巽卦告诉我们，在出台一个新政策或措施之前，一定要事先晓谕大家，征集各方面意见，达成协议之后才能正式颁布，并且通过"先庚三日，后庚三日"来让大家接受。这样才能收到良好的效果，从而使得上下皆顺。那么，身为领导人，在面对民众的时候，如何才能既不会太刚强，

又不会卑顺过头,这个"顺"的度又该如何来把握?巽卦中的上九爻,又给了我们一个怎样的警示呢?

上九爻辞(图128-6)说:巽在床下,丧其资斧,贞凶。

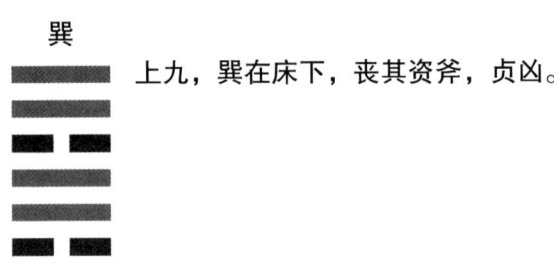

图128-6

上九是"巽在床下",九二也是"巽在床下",但这两个显然不同。九二后面有九三,虽然九二是下床,在上床之下,却还是可以睡的。而上九后面空空的,真正的在床下,而不是下床,根本连卧倒的位置都没有,这就好比"丧其资斧"。做一个领导人,最要紧的就是要有决断力,当断则断。这里,用斧头来比喻决断力。现在连拿来决断的工具都丢掉了,表示已经没有能力判断事情、决断事物了。

"贞凶",就算行得正,最后还是凶的,因为卑顺得过了头。巽卦的最后一爻,就是告诉我们千万不要卑顺过头。一个人卑顺过了头,就算行得很正,后果也不好。因为很多人会动歪脑筋,看你那么卑顺,何必顺你呢,这样就会给自己增加很多无谓的麻烦。

 一个人卑顺过了头,就算行得很正,后果也不好。
——《易经》的智慧

小象说:巽在床下,上穷也。丧其资斧,正乎凶也。"巽在床下,上

第一百二十八集　谦顺有为

穷也",没有睡觉的地方,失去了安身立命的场所。"丧其资斧,正乎凶也",丧失了决断的工具,连判断的能力都没有了,就算很正,最后的结果却是凶。这句话很有惋惜的意思,难得那么正,但是有什么用呢?

一个人过度地卑顺,就算自己很正,还是会被别人欺负,但也不能太刚,否则又得罪人,那要怎么办呢?所以,《易经》在巽卦之后,安排了兑卦。意思是说,一个人内心要坚持自己的原则,但是外表可以和颜悦色,轻松一点。过顺不好,过刚也不行,最好的是内刚外柔。巽卦和兑卦互为综卦,所以当我们把这个卦颠倒过来的时候,又发现了另外的思路,那就是如何跟别人和悦相处,才能够坚定自己的意志,使自己的原则得到大家的认同,并一步一步去实现。接下来,我们就来讲:和悦相处。

易经的智慧・第一百二十九集　和悦相处

人人都希望自己的生活幸福美满、充满喜悦,殊不知有些"喜悦"的表面下却暗藏危机,甚至会导致厄运临头。那么,究竟我们怎样才能剔除隐患,享受真正的、安全的喜悦呢?《易经》中的兑卦,又给出了怎样的指导方法呢?

第一百二十九集　和悦相处

序卦传说：**入而后说之，故受之以兑，兑者说也**。"说"，通悦。兑卦带着一种欣悦的、喜悦的情绪，多半是听到好听的话，或者讲好听的话来博取别人的欢心。这样我们很容易想到，说话跟兑卦是密不可分的。"入"，谦顺的意思。讲话的人很谦顺，对方听起来很悦耳，看起来很顺眼，就会感觉很欣悦。"故受之以兑"，这里用"兑"而不用"说"，意在提醒我们不要光听好听的话，也不要用语言去取悦于人，所以，把言字旁去掉是有道理的。"兑者说也"，但是人与人之间大部分还是要通过语言来交流，这是很难避免的事情，我们所能做的就是要提高警觉。

兑卦卦辞（图129-1）简单明了，就三个字而已：**亨，利贞**。

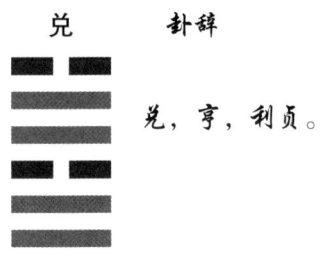

图129-1

兑卦自乾卦而来，乾卦的卦辞是"元亨利贞"，"元亨利贞"跟"亨利贞"，差了一个"元"字。兑卦卦辞中没有"元"字，是在提醒我们要特别注意源头，注意那些看不见的动机。

一个人听到好听的话，心里会喜悦；看到美丽的景色，也会感觉到很欣悦。但是这个时候，要赶快注意一下人家说好话的动机是什么，人家给

你呈现出美色的目的是什么。这就叫元,元是隐而不显的。相反,看得见的是"亨利贞"。

兑卦上下两卦都是兑,下卦柔的阴爻是六三,很显然在外面;上卦柔的阴爻是上六,也在外面。所以,柔在外、刚在内,就表示里面很有原则,外面可以笑嘻嘻的,这也是我们常讲的内方外圆。一个人处事可以随和,但是内心的操守必须坚持。我们内心的原则不能被外面的声色所影响,听到好话,把原则忘记了,看到美色,把原则丢掉了,后果自然不能亨。

 一个人处事可以随和,但是内心的操守必须坚持。
——《易经》的智慧

兑卦提醒我们,通过甜言蜜语去取悦别人,或者被别人取悦,都不能亨通。那么,究竟什么才是实实在在、没有后遗症的喜悦呢?我们又该怎样去获得这种可靠的喜悦呢?

兑卦彖辞说:兑,说也。刚中而柔外,说以利贞,是以顺乎天,而应乎人。说以先民,民忘其劳。说以犯难,民忘其死。说之大,民劝矣哉!

"兑,说也",兑跟说之间差一个言字旁,意在提醒我们不要用话语去博取别人的欣悦。

以前是没有支票的,后来有了之后,我们就说支票要兑现,这个"兑"就是从兑卦而来的,我认为用得非常高明。看见支票兑现,我们内心都很喜悦,因为这是实实在在的东西,不是说得好听,也不是美色当前,所以是可以放心地内心愉快。因此,如果把兑想象成,实实在在、非常可靠的那种内心愉快的话,就会利贞。

"是以顺乎天,而应乎人",如果一个人的欣悦是很实在、很可靠、没有后遗症的,后面就不会产生很多的悔恨。很多人喝酒的时候很开心,

第一百二十九集　和悦相处

什么话都敢说，回去之后马上就后悔了，后悔自己把不该说的话通通说出来了，搞得寝食难安。所以，在喜乐当中，人经常不自觉地出差错，导致非常可怕的后遗症。但是，人往往都是健忘的，虽然这次记住了教训，但下次事到临头的时候，又犯了当初的错误。一而再，再而三，真是无可救药。

我们一定要知道，人在喜悦当中是最没有抵抗力的。当一个人心里很愉快的时候，警觉性最低、最差。如果能记住这个大原则，下次喜悦的时候要不要表现出来，表现到什么地步，对谁表现，在哪里表现，就能拿捏得很准，这就叫作"顺乎天，而应乎人"。

就在我们提醒自己要理性对待喜悦的时候，兑卦的彖辞却说："说以先民，民忘其劳。说以犯难，民忘其死。"那么，究竟是怎样的喜悦，拥有如此强大的力量，能够让人忘掉劳苦、忘记生死？这是否与兑卦对待"喜悦"的态度相悖呢？

"说以先民，民忘其劳"，如果政府采取措施先让百姓生活安足（我们没有讲富足，只讲安足），他们就会不辞劳苦去为政府服务。"说以犯难，民忘其死"，如果百姓家庭美满、生活喜悦，就是派他们去服兵役、去御敌，他们也是万死不辞的。因为百姓会感觉到政府如此照顾自己，现在是紧要关头，国家有难，匹夫有责，自然当仁不让，连死都不怕。

"说之大，民劝矣哉"，"劝"，是劝勉的意思。兑卦的意义是很重大的，因为它可以鼓舞人心、激励士气。老实讲，政府平时是为百姓服务的，但是到了紧急关头，比如战乱的时候，难道都是领导自己去打仗吗？当然不是。所以，百姓在必要的时候一定会承担起保家卫国的责任，而这个要靠政府平时的施政是否让百姓满意，是否让他们家庭美满。如果是的话，领导就可以一下子把百姓的士气激励起来，他们也会接受领导的征召，奋勇向前。

在兑卦中，六三居于人位，是说政府要采取一些很柔的施政措施来获得民心，但是光靠百姓是没有用的。老实讲，一个国家能不能打胜仗，第

一不是靠武器，武器好，结果败的案例很多；第二不是靠人多，历史上以少胜多的案例也不少。所以，最主要的是看老天保不保佑。我们学习了上六爻就知道，政府所有的表现，比如鼓舞民心，一定要凭天理，不能有私心，不能为了自己的利益。政府要有原则，能够使大家在很欣悦的气氛之下，振奋起来，团结一致，共同努力。老实讲，上六凭天理，六三得人心，天佑人助，兑卦就能得以完完全全地实现。

兑卦大象传说：丽泽，兑。君子以朋友讲习。两个泽相互在一起，就好像两个人谈得很愉快，彼此都把心声毫无保留地吐露出来，而又没有后遗症，这是非常难得的一种情况，平常人是享受不到的。

"君子以朋友讲习"，君子看到两个泽相互在一起，使人非常愉快的自然景象，想到自己读了书，有很好的心得，就要找一个谈得来的人，共同分享。两个人志同道合，互相讨论，彼此印证自己的心得和经验，是一件非常愉快的事情。这就好像《论语》一开始讲的："学天时习之，不亦说乎？有朋自远方来，不亦乐乎？"我们学了以后，赶快去做，在行动和实践当中检验自己学得对不对。学了，又做得出来，当然很欣悦，这个时候巴不得有人，可以让我们吐露心声。可见，圣人所讲的话，其实都是相通的，只是在不同的场合，讲不同的话而已。所以，我们不要以为圣人一会儿这样讲，一会儿那样讲，没有原则。其实，"吾道一以贯之"，他们始终没有脱离那个轨道。

今天的人，也常常聚在一起，喝啤酒，唱卡拉OK，但是这跟"朋友讲习"完全不一样。"朋友讲习"，彼此的友谊越来越深，知道以后在紧要关头，就会去找彼此商量。唱卡拉OK，大家都忙于找自己想要唱的歌，谁也不听谁唱，那是盲目地聚在一起，心跟心完全是隔离的。回去之后，累个半死，一无所得。把前后古今对照一下，我们就会发现，古人的确比我们要聪明得多。

讲到这里，我们要提醒各位，巽卦跟兑卦，都不是君子之道，都是切肤小人之道，只能齐家，无法治国。家里是重亲情的，爸爸跟小孩有说有笑，这是亲情的表现。可在机关团体里面，是要做事的，不能嘻嘻哈哈，

第一百二十九集 和悦相处

随便聊天。当外面的事情都做好了,回来一家人团聚的时候,如果再板着个脸就不像话了。所以,兑卦跟巽卦在家里很管用,可是在外面就应该特别小心。因为处理事情,特别是公事,不能够感情用事,不能够情绪化,不能够任意而为,否则迟早会出问题。

兑卦提醒我们,喜悦要有原则,分清场合,尤其对待公事时,更加不能情绪化。但是,如果我们执意不按兑卦的提醒去做,将会产生怎样的后果呢?

尤其是那些有权有势的人,他们认为自己掌握生杀大权,想怎样就怎样。当然,人家表面上不会对他们怎么样,但是他们会给这个团体、这个组织,埋下非常严重的祸根。

举个例子,齐桓公是春秋五霸之一,在当时谁都不怕。有一天,他说:"天下的肉我吃过了,只有人肉没吃过,也不知道什么味儿。"说者无心听者有意,他有一个大臣叫易牙,回去之后就把自己的儿子蒸了,第二天送给齐桓公吃,齐桓公还吃得津津有味。后来齐桓公病重,易牙等人封锁宫门,不许任何人进入,致使齐桓公活活饿死。

可见,一个人喜欢什么,被别人看到以后,就会变成一个弱点,别人会利用你喜欢的东西来迷惑你,最后只有自己倒霉。所以,权势越高的人,越不可以喜怒形于色,只要让自己的干部知道自己的偏好,就危险了。

 权势越高的人,越不可以喜怒形于色。
　　　　　　　　　　　　——《易经》的智慧

比如,领导喜欢钓鱼,干部就会去练习钓鱼,但他不会找领导一起去钓,而是在很远的地方钓,慢慢地靠近领导,领导就不会怀疑,还会觉得自己以前没有注意到,因此表示抱歉。这样领导就没有了防范意识,干部

边钓鱼,边跟领导杂七杂八讲一大堆,领导很容易被操控,然后干部在外面利用领导的声势为所欲为,而所有的账都算在领导头上。这又能怪谁呢?好话人人都爱听,青春美色的少女,人人都喜欢看,正是因为这样,才会问题不断。

面对小人的逢迎讨好,我们要加倍提防,免得日后被剥皮抽筋,坠入陷阱。但是,面对个人爱好所带来的喜悦,我们是否还需要加以把控呢?纯粹的个人爱好在给我们带来愉悦的同时,还潜藏着哪些隐患呢?

兑卦用泽,泽能够滋润万物,而且景色很美,欣欣向荣,大家都喜欢,但也有可能掉进去溺水而亡。任何事情都是一体两面的,白天在这里泛舟很愉快,若是觉得不过瘾,很想体验一下晚上泛舟的情调,结果淹死在里面的事情也不少见。只是大家每次看到的都是别人,觉得这种事情不会发生在自己身上,只要多加小心就可以。其实,人都是这样的,所以悲剧一次又一次发生,这实在是人类很愚昧的地方。

要知道,有三种事情可以取悦别人。孔子讲了前两种:第一种巧言,第二种令色。一个很会讲话的人,我们要多加提防,否则听了他说的话,不由分说地就心花怒放,那可能就糟糕了。一个很会打扮的人,也要提防其用心何在。这样,我们的警觉性就会慢慢提高。若是觉得听着很舒服,不看白不看,往往自食恶果。君子之所以斗不过小人,就是因为君子认为自己修养好,不会上当,才出的问题。其实,越是一本正经的人,越容易出问题。我们常常讲,年轻的时候没有在娱乐场所出入的人,年纪大了更不要去,这是很有道理的。因为年轻的时候在那里历练过,对其中的事情很清楚,处理起来很老练,就不会轻易上当。可是,老来入花丛,很难抵挡得住诱惑,很难全身而退。

第三种可以取悦人的事情,是美好的景色。这是兑卦提出来的警示。很多人去那些景色很美的地方度假,往往流连忘返,耽误公事。当然,喜欢旅游的人偶尔出去散散心没有错,但因此迷上了旅游,连工作的目的也

第一百二十九集 和悦相处

是为了到处旅游的话,也许就过分了。

兑卦卦辞告诉我们"亨",其实只是亨通于一时而已。想想看,多少喜欢登山的人,最后死于山路;多少喜欢泛舟的人,最后死于水中。"艺高人胆大",就是因为他们觉得自己越来越熟悉,所以越来越无所谓,越来越肆无忌惮,才出的事。觉得不会怎么样,偏偏就会怎么样,这就是《易经》的道理。所以,人应不应该快乐,这也值得我们探讨。我们常说"生于忧患,死于安乐",难道安乐不好吗?并不是,而是人安乐以后,就变得松散、不积极了,就会消磨时间去做一些在别人眼中不太正经的事情。这样当然不会"利贞"。

人生苦短,一分一秒都很珍贵。我们常常讲,要在苦中作乐。怎么才能做到苦中作乐呢?人的一生波折不断,祸患无穷,可是我们还要活下去,就要有一种正当、乐观的态度,这才是兑卦六个爻要告诉我们的事情。所以,接下来我们就来讲:乐观人生。

易经的智慧·第一百三十集 乐观人生

在不同的人生阶段，难免会遭遇不同的挫折甚至凶祸。然而《易经》中的兑卦却告诉我们，遇到凶祸就是为了要提醒我们可以不凶。那么，究竟怎样才能做到避免凶祸的发生？如果没能及时设防，兑卦中又有哪些指导我们逢凶化吉的方法呢？

第一百三十集　乐观人生

兑卦初九是最为难的，但是最为难的也是最好办的事情，因为它牵扯很少。我们先看初九的爻辞（图130-1）：**和兑，吉**。

图130-1

"和"，平和，和气相处。初九上面没有人支持，也没有与自己相对应的爻，只好跟大家和气相处。但是在这个时候，很多人忘记了自己是潜龙，最好暂时不要有太多意见、太多表现，反而爱怎么讲就怎么讲，高兴哪样就哪样，什么场合都不顾忌，这对自己的前途一定有很不好的影响。所以，年轻人只要锋芒毕露，最后一定会吃亏，因为很容易被打压、被冷冻。到那时候，就算再有天大的才能，都发挥不出来。因此，初九爻辞首先提出"和"，其用意在于告诉我们什么叫作兑之道，它的第一个原则就是要跟别人和气相处。和气相处并不是马马虎虎，不是大家都这样过日子，我们也跟着糊里糊涂，而是要有自己的见解，这一点至关重要。

我们要把"和"再解释得清楚一点，"和"，不是和稀泥，不是没有是非，而是非常清楚地知道一件事情，即自己对并不代表别人错，别人对也不代表自己错。但是一般人没有这样的想法，都认为我对显然大家是错的,大家对就表示我错了。所以,"和",还有另外一层意思,即和而不同。虽有不同意见没有关系,但还是要一团和气。在一个团体里面,大家有所不同是很正常的事情,但总该有一小部分是相同的,先把共同的交集找出来,然后再心平气和地慢慢商量,这才是"和兑"的真正的意思。

小象说得很清楚:和兑之吉,行未疑也。行为、言语,不为别人所疑惑,才会吉顺。为什么这样讲呢?就是别人不清楚你的言行到底是什么目的:是想讨好他,还是打击他,或者笼络别人来对付他……一般人都会有这样的怀疑。如果一个年轻人,能够做到和而不同,既不讨好别人,不巴结别人,也不跟别人站在敌对的立场,这就是很好的修养。当大家都不怀疑的时候,自然就吉顺了。同时,还要无所求,不要动辄要求别人帮忙,凡事靠自己,行为正正当当,讲话谨慎谦顺,做事既不存心讨好别人,也不得罪别人,有了这样一个基础,进入九二就会有另一番景象。

俗话说:好的开始是成功的一半。我们在初九爻打下了良好的基础,有了一个好开端,日后为人处世应该更加顺利才是,但是进入九二爻之后,却又突然陷入了"悔"的境地!这是为什么呢?我们又该怎么做,才能摆脱困境,让"悔"消亡呢?

前面讲过,兑卦是由乾卦而来。九二是现龙在田,这个时候可以得到什么呢?我们先来看兑卦九二爻的爻辞(图130-2):孚兑,吉,悔亡。

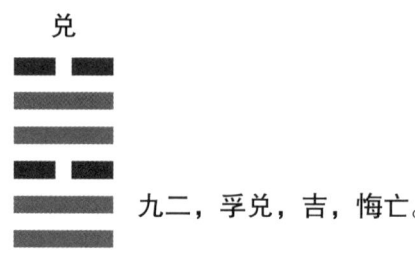

图130-2

第一百三十集　乐观人生

"孚"，诚信。九二用自己的诚信来使得大家很愉快。九二阳刚居中，本来就应该很吉顺，为什么会"悔亡"呢？九二不当位，第二爻应该是阴爻的位置，现在阳爻占在这里，居中没错，但却失位，失位经常有悔。把自己的角色摆在一边，反而去取悦别人，这是存心不良，存心不良怎么会有好结果呢？

宋神宗的时候，有一个大家都很熟悉的人，叫司马光。司马光从小就跟别人不太一样，尤其聪明好学。而且后来当了十五年的宰相，深得民心，这对他来讲是非常危险的。因为大家会怀疑，他这么得民心，是不是想抢皇帝的位置？所以宋神宗驾崩的时候，司马光都不敢去吊丧，否则就让大家更加怀疑，自找麻烦。如果真有人把他捧出来，也来一次黄袍加身，那不糟糕透顶了！因此，为了避嫌，他不敢去。但是很多人劝他要去，皇上驾崩怎么能不去，不去岂不说明心中有鬼，更让别人怀疑？

司马光之所以这样，就是因为处于九二，很阳刚，很有政绩，很得民心，但是不当位。当宰相的应该把功劳让给皇帝，把民心引向皇帝，怎么能引到自己身上来呢？当然，后来他权衡了利弊，还是去了，幸好所有人都没有怀疑他，还说他真是好宰相。这才是"悔亡"，本来有悔的，现在也消失掉，变成无悔了。为什么会这样呢？

小象解释得很清楚：孚兑之吉，信志也。"信"，诚信在心，不用口舌取悦于人。司马光去了，不能说大家不要怀疑我，否则就是此地无银三百两；也不能说今天来了便表示自己没有私心，那更糟糕，因为言外之意就是本来有私心。总之，想用语言来说动别人，其实是下策，不说还好，越说越麻烦。所以，司马光干脆不说，只是表示出自己的诚信，诚诚恳恳、问心无愧，别人怎么想他也没办法，这样自然就把大家的疑惑化解掉了。

俗话说：万事开头难。但是兑卦却正好相反，处于初始位置的初九爻，一出现就有"吉祥"的爻辞；九二爻虽然"有悔"，但还是能利用诚信让悔消亡。然而，到了六三爻就出现了"凶"的局面。为什么兑卦会越

走越艰难，我们又该怎么做才能逢凶化吉呢？

现在我们进入到六三爻，爻辞（图130-3）说：来兑，凶。

图130-3

初九是吉，九二是悔亡，六三毫不客气就说凶，为什么凶呢？六三跟上六不相应，于是便往下谄媚九二，费心取悦它，显然不得其正。一个人如果存心想要讨好别人的话，结果自然是凶。人家刚开始可能没有感觉，可慢慢就会开始提防，就算你是好意，现在在他眼里也变成坏的了。你对他笑，他认为你笑里藏刀；你对他有礼貌，他说你礼多必诈。这时候你一点办法都没有。

小象告诉我们：来兑之凶，位不当也。之所以有凶，是因为没有摆好自己的位置，扮演好自己的角色。想想看，当大家都在赞美你的领导的时候，你要不要顺着他们也这样赞美呢？这很难分辨。如果大家都是自己人，通通在讲领导怎么好怎么好，你不能一句都不说，否则就表示你不同意，那不糟糕吗？如果赞美领导的都是客人，你也跟着客人一起说，老板就会觉得奇怪，不知道你是站在自己这边还是客人那边。很多事情，不是这样对那样错这么简单，而是在这种情况下对，在那种情况下可能又变成错的了，这才是《易经》。

六三不当位，怎么做都很麻烦，但还是要记住自己本来的位置是"夕惕若厉"，这个时候要谨慎，比初九、九二更加小心，才不会有凶。《易经》讲到凶，就是提醒我们可以不凶的，否则就变成宿命论了，卜到这个

第一百三十集　乐观人生

卦、碰到那个爻一定凶，没有这回事。凡是把事情讲得很固定、铁口直断的，我们都不要相信，因为任何事情都是有改变、有转圜的余地，有化解之道的。

《易经》提醒我们，任何事情都有转圜的余地。那么，兑卦的下卦中产生的"凶"况，上卦三爻又会如何化解呢？

九四爻辞（图130-4）说：**商兑未宁，介疾有喜。**

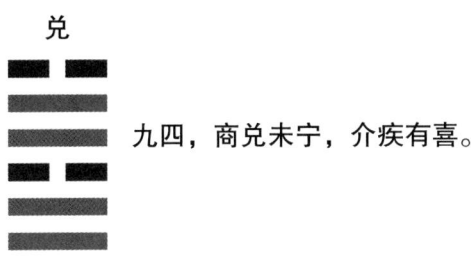

图130-4

九四，既不当位，又跟初九不相应，而且下面六三是阴爻，上面九五比它还硬，那怎么办呢？爻辞给我们提供了一个非常好的出路，叫作"商兑"，就是有什么事情大家好好商量，而不是把自己所怀疑的事情勇敢提出来。"未宁"，生活不一定安定，因为所处的整个环境都是不利的，但是九四可以发挥自己最大的功能，就是顺着九五，让它走向光明正道。"介疾有喜"，九四把九五跟六三隔开，让九五不遭遇六三带来的惨祸，这样九五的功能就达成了。"有喜"，是说九四本来是有祸的，但它把会发生毛病的隔离开来，并让其化于无形，就得喜了。

小象说：**九四之喜，有庆也。**九四真能够把九五跟六三隔开，把善恶弄得很清楚，不让它们混在一起，那么对国家、对社会就有所贡献，这就是我们常讲的福国利民。九四做了一件福国利民的事，虽然不当位，虽然环境不好，很不安宁，但是在这种环境里面，它告诉九五，要小心六三。

九四不仅不能去下比六三，而且还要压制它，维护九五的正道，这样就有功劳，就有喜庆。

兑卦整个卦最要紧的其实还是九五爻，但九五是很危险的，爻辞（图130-5）直接说：**孚于剥，有厉**。

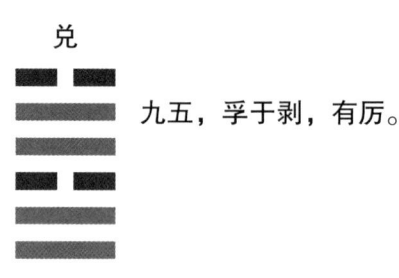

图130-5

"有厉"，"厉"，危险。为什么会危险呢？因为"孚于剥"。"剥"，就是小人道长，君子道衰。君子都被剥光了，是在警告九五如果相信上六的话，就麻烦了。九五处于这样的位置，不知不觉就会去亲近上六，很容易陷入险境。而上六没有吉也没有凶，因为它可吉可凶，做得好，就能避免亢龙有悔，做得不好，就是龙战于野。

因此，我们特别提醒，九五既当位又居中，是全卦最重要的位置，全看其是否能走正道。如果九五行为正常、走正道的话，初九、九二就活了，六三不敢乱来，九四也有表现，这样整个都好了。可九五的行为很容易不正常，因为它很容易亲比上六，很容易被小人所包围，小人一献媚、一讨好，九五就沉醉在里面，变成昏君了，而别人又不敢直说。但是九五当位，有权有势，只要存心一正，就能把危险化解掉。

小象说：**孚于剥，位正当也**。这是在讲反面的话，因为它不敢正面说。小象的意思是说，九五记住自己的位是正当的，就不会孚于剥；如果"孚于剥"的话，那就要小心，虽然位是正当的，但行为可能不正当。小象说得很曲折，因为对九五不能明言，否则触犯了它，只会自己倒霉。

第一百三十集　乐观人生

九四爻虽然能够阻隔六三对九五的影响，却无法阻止九五去亲比上六。然而只要九五亲比上六，就很容易陷入险境，那么上六爻究竟是一个怎样的角色？为什么会对九五爻产生如此严重的影响？而历史上又曾经出现过哪些，对九五爻有着正面影响的，上六爻式的人物呢？

上六爻辞（图130-6）就两个字：引兑。

图130-6

上六，既没有吉也没有凶，告诉我们这个变化非常之大。整个卦只要九五跟上六的关系处得好，就是吉顺的；如果两个因利害关系相勾结，那整个卦就完了。

这里，我们有两种解释：第一种，上六居高位，不肯轻易出山来帮助九五；第二种，上六本身就是小人，时时刻刻想来引诱九五。当然，《易经》是劝我们走正道的，所以我们最好解释成，上六是位高的人，但是要九五去求他，表示自己的诚意。

上六可以比拟为国之大佬，只是现在已经退位了，对世事不闻不问，或者根本就还没有出山。历史上，有两个人是上六最好的案例。一个是姜子牙。姜子牙八十岁才遇到文王，而不是自己主动去找的。他为什么会这样做呢？因为他找过，纣王根本不把他当回事。他开始是想把纣王改变过来，让整个商朝恢复原来非常好的国情民风，但是纣王昏庸无道，根本没戏。所以，姜子牙就把希望寄托在文王身上，但是他知道若是去找文王，自己就要看文王的脸色，说不定还被怀疑。因此，便在渭水边钓鱼，而不

用鱼钩,他要钓的是大鱼,即文王。果然,文王诚诚恳恳来求教于他,请他出山,建立了周朝。另一个是孔明,他被称为卧龙,躺在家里等待别人来请。

所以,像姜子牙和孔明这样,才叫"引兑",至于"引兑"好不好,很难讲。若是姜子牙没有碰到文王,孔明没有碰到刘备,一辈子就完了,历史上留不下他们的名字。这也是上六无吉无凶的用意,即不知道是吉是凶,看自己怎么办。不肯出山,就是没有顺天应人。顺天是说天时已到,非下山不可;应人是说老百姓对你有所期待,你就要有所贡献。如果一个人很有能力,但却在山上当隐士,那有什么用?所以,墨子才主张说:摩顶放踵,以利天下。只要对天下人有利,什么事情都愿意去做,哪怕是磨秃头顶、走破脚跟也心甘情愿。墨子的热情也是引兑给我们的一个很好的启发。

人是哭着来的,最后一定要笑着走。怎么才能笑着走呢?就是不浪费自己的时间和精力,不到处想办法取悦于人、讨好大众,而是实实在在、规规矩矩地做一些可以被千秋万世记住的事情,这就是孔子、老子、孟子、曾子所走的路。他们才是真正的"兑之道"的代言人。我很快乐,我教我的小孩人生要快乐,我让我的干部很快乐,凡是遇到我的人,跟我在一起都很快乐……要知道这种快乐是虚假的,是浮在表面的,是不踏实的,是不会持久的。范仲淹告诉我们:先天下之忧而忧,后天下之乐而乐。曾国藩也说:忧以终身,乐以终身。他们都是非常懂得兑道的人。

人不能完全为了快乐而生活,否则生活就没有意义、没有价值,这点现代人务必要好好去体会。快乐就快不乐,来得快去得也快,爬得高就跌得惨。所以,我们要把快乐寄托在自己的内心,而不是寄托在外界,因为所有外面的事情都是变动、不可靠的。一个人的快乐如果寄托在外界,就要好好斟酌斟酌。人不是不能表现出快乐,而是要看时间、地点、场合是否适合这样的表现。同时,每次想要显示出快乐的时候,应该注意"度"的问题,既要考虑自己,也要考虑别人。

第一百三十集　乐观人生

 我们要把快乐寄托在自己的内心，而不是寄托在外界。
　　　　　　　　　　　　　　　——《易经》的智慧

不管怎么样，人都是会要求快乐的，可一定要小心，因为快乐的后面就是散掉。朋友聚会，大家都很开心快乐，好吃好喝，但天下无不散的筵席。所以，兑卦之后就是涣卦，涣卦就是散掉的意思。下一次，我们接着来讲：当散即散。

易经的智慧・第一百三十一集

当散即散

俗话说："人有悲欢离合，月有阴晴圆缺。"离散是每个人不可避免要碰到的问题，《易经》中的涣卦，就象征着离散的境况。那么离散作为一种人生常态，难道带给人们的只有悲伤吗？人们又该从离散的境况中，学到些什么呢？

第一百三十一集　当散即散

相信每一个人都有同样的经验，欢乐的时光，好像过得总是特别快，接下来就要离散，各奔东西。有聚有离，本来是人之常情，当然也可以说是一种无常，因为说不定就聚在了一起，说不定又散了。从整个的人生看起来，也是一样的道理。小孩出生了，全家都为他的诞生而欢乐，然而曾几何时，孩子长大了，离家了，一年难得回家团聚几次，这还算好的。再长大一点，父母逝去了，兄弟姐妹也很难聚在一起，这也是事实。所以，作为一个人，如果不了解什么叫作离散，应该怎样面对离散，就整个人生来讲是一大缺陷。我们常说的一句话就是聚少离多，尤其是商人，离家的时间比在家的时间还要长，就更应该了解一下什么是涣卦了。

"涣"是怎么来的呢？我们看到风吹到水面上来的时候，水不可能无动于衷。因为就算风再柔软，也还是有一股力量，因此，水会引起一阵一阵的涟漪，并向四周扩散开来，这就是涣。杂卦传说得很明确：*涣，离也*。离散就叫作涣。

序卦传也告诉我们：*说而后散之，故受之以涣，涣者离也*。人在悲伤的时候离散了的那种感觉，实在不如欢聚一起的时候突然间要散了这种感觉来得强烈，所以在兑卦之后，很巧妙地接着就是涣卦。

杂卦传跟序卦传讲的是一样的解释，可见不管怎么看，涣都是离散。真的是这样吗？好像也不是。因为离散的结果怎么样，这才比较重要。一个社会，如果人心涣散，没有共识，这个时候人的品德一定快速下降。尤其是在社会动荡不安的时候，很少有人会想到品德的问题，能骗就骗，能抢就抢，也没有人管。

因此，涣卦的主旨就是要我们来化解离散的。大家共同生活在一起，

我相信很少有人会有散了就散了的想法。那么，谁有能力把涣散的情况化解掉，又重新缔造聚合的条件呢？当然是主政者，一般老百姓是没有办法的。社会乱了，大家各管各的，这时候政府就变得非常重要。我们常常讲，政府最重要的功能，就是两个字：教化。在社会动荡不安、人心涣散的时候，政府的责任就是要改变人民的心态。在不知不觉当中，让大家慢慢地恢复原来的共识，重视品德的修养，使社会重新恢复平静，这才是涣卦真正的意思。

无论是家庭离散，还是社会涣散，人心都是动荡不安的，因此涣卦的主旨是告诉人们，如何摆脱涣散的局面。然而，涣卦的卦辞一上来就说"涣，亨"，这是怎么回事？人们如何才能在涣散中，获得亨通呢？

我们先来看涣卦的卦辞（图131-1）：涣，亨。王假有庙，利涉大川，利贞。

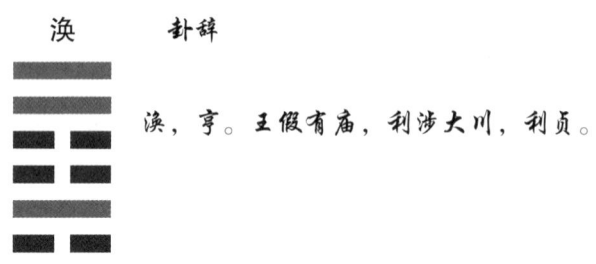

图131-1

"亨"，不是平白的亨，也不是说离散就是亨，而是离散的时候不要悲哀，不要迁就现实，不要自暴自弃，要有所作为，使它亨通。"王假有庙"，涣散的时候，君王要亲自到宗庙去祭拜。

很多人，尤其是外国人，都批评中国人迷信、拜偶像。当然，很多外国人之所以对中国人存在误解，其实是中国人自己不了解，无法讲出个所以然来，才造成这样的结果。我们已经讲过很多次了，中国人绝对不迷信，从来不拜偶像。我们拜的是天地、圣贤、祖宗。

第一百三十一集　当散即散

第一，中国人拜天地，可天地是偶像吗？天地是我们生活的一种自然环境，怎么能算偶像呢？第二，中国人拜圣贤，圣贤也不是偶像。老实讲，在中国社会，谁都不服谁——我干吗服你，你比我强在哪里？所以在中国社会要出头非常难。因此，很多人就说，外国多好，年轻人一下就能出头。我们要了解，中西两种生态环境是不一样的。在中国社会，一个人要出人头地，帮忙的少，打压的多，这样才表示难能可贵。所以几千年来，我们的圣贤不多，好不容易有个孔子、老子、孟子、曾子，寥寥可数。这样我们就知道在中国社会，一个人想要冒出来是何等困难，所以我们对少数冒出来的圣贤特别尊敬，因为得来不易。第三，中国人拜自己的祖先。有天地，有圣贤，有祖先，才有了我们自己，道理就是这么简单。

所以，"王假有庙"，君王时常去宗庙祭拜，目的就是为了聚集老百姓的信心，让老百姓感觉到自己的君王是有责任感的，他要传承我们的文化，不为私人的利益和权势，而是为了百姓努力奋斗。以前，皇帝要祭天没有那么容易，交通不发达，资讯很难，各种条件根本不是现在所能想象的，去一次非常不容易。所以通常要昭告天下，让所有人都知道皇帝为了百姓，辛苦去祈求上天的保佑。

"利涉大川"，"大川"，是大坎的意思。涣卦下卦是坎卦，坎卦就是险难的意思。老实讲，在社会动荡不安、人民离散痛苦的时候，想要把它重新整合起来，重新建立社会秩序，谈何容易。这就好像一个小木船，想要渡过一条既宽广又水流湍急的河川一样艰难、危险。但是，作为君王要亲自去祭拜宗庙，让天下人都感受到自己的诚心，就算它是险难，去度过也是很有利的。因此，爻辞最后两个字是"利贞"。

当社会处于人心涣散、动荡不安之时，就需要主政者诚心为民，以此凝聚人心。然而，仅凭诚心，还是不可能重建社会秩序，使社会安定团结的。那么为此，主政者还需要做些什么呢？

涣卦彖辞解释得更加清楚：*涣，亨。刚来而不穷，柔得位乎外而上*

同。王假有庙，王乃在中也。利涉大川，乘木有功也。

"涣"，是卦名。在涣散的时代，要想亨通，就应该做到以下两点。第一，"刚来而不穷"。"刚"指的是九二。涣卦下卦是坎卦，为水。水是流动不穷的，所以叫"刚来而不穷"。"不穷"，不断有风险。一个人处于涣散的时代，虽然会碰到很多危险，但只要有坚强的意志力，还是可以应付得来的。第二，"柔得位乎外"。"柔"指的是六四。六四处于上卦，即外卦的位置，但它虽然在外面，却有个好处，即能够跟九五一条心，全力配合它。老实讲，帝王如果没有得力的干部，也是一事无成的。

"王假有庙，王乃在中也"，真正天下大乱的时候，本来连门都不敢出，现在可以出去了，为什么呢？因为九五刚而居中。帝王看到天下这么乱，就采取了很多措施，让老百姓稍微安定，这样他才有办法去祭天。"利涉大川，乘木有功也"，最起码要有工具，才能够渡过大川，最起码要有些事情做得很有把握，认为危险可以化掉了，才敢去面对群众。否则，躲都来不及。

涣卦大象传说：风行水上，涣。先王以享于帝，立庙。

涣卦，上卦为巽为风，下卦为坎为水，叫作风水涣（图131-2）。风吹在水面上，水向四方荡漾、散开，就好像人群聚集在那里，突然间听到意外的响声，四散跑开一样。最容易看到的例子就是赶集的时候，大家从四方八面慢慢聚集起来，进行交易，互通有无，突然间有什么变化，大家抓起自己的东西赶快跑，有的顺便把别人的东西也带走。历代都是如此，文明、科学再怎么发达都没有用。这是人的本性，连生存都不保的时候，讲什么都没有用。

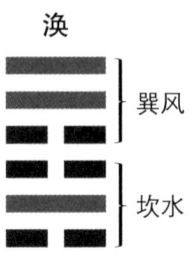

图131-2

第一百三十一集　当散即散

"先王以享于帝，立庙"，当一个帝业建立起来的时候，帝王就要建立宗庙，每年去祭祀，并且形成一套制度。目的在于告诉子孙后代不要忘记祖宗创业的困难，不要把基业毁在自己手中，否则将来死去，便没有面目见祖宗。

涣卦下坎上巽的卦象中，暗含着风险之意，就像风吹拂水面后，可能只会引起微微涟漪，却也有可能引起惊涛骇浪。人生中的每个选择，其实都充满了风险，那么人们该如何应对？我们从涣卦中又能得到怎样的启示呢？

涣卦告诉我们面临风险，该怎么样化解，怎么样安然度过，而不是一看到有风险便躲起来。否则，天天在逃亡，还能做什么事呢？平日如果碰到这种状况，最好镇定地去评估风险性，预先加以防范。其实，就风险而言，主要的还是预先去防范，而不是发生后惊慌失措，或者事后诸葛亮，这才是正确的观念。任何事情，事先评估一下其风险性有多大，如果风险性太高，就想办法降低。降到不能再降了，就问自己"不做行不行"，如果非做不可，就要勇敢面对。

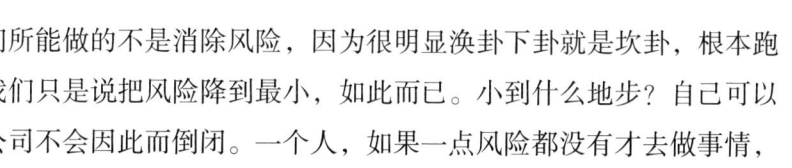

就风险而言，主要的还是预先去防范，而不是发生后惊慌失措，或者事后诸葛亮，这才是正确的观念。
　　　　　　　　——《易经》的智慧

我们所能做的不是消除风险，因为很明显涣卦下卦就是坎卦，根本跑不掉。我们只是说把风险降到最小，如此而已。小到什么地步？自己可以承担，公司不会因此而倒闭。一个人，如果一点风险都没有才去做事情，最好什么事都不要做，因为那是不可能的。

一般而言，有聚必有散，有散就有聚，散而后再聚，这给我们一个非常好的鼓励。自然的消长，也就是这样一种起伏循环的必然过程，我们要

以平常心来面对。卦辞"王假有庙"告诉我们,每一个人都应该敬天,或者总要找一个让自己去敬畏的目标。稍微控制一点自己,知道不是所有欲望都能达成,要适当地自律,不要过分。同时,在日常生活当中,也要养成好的习惯。

我们都知道,外国人见面老是紧紧地抱在一起,好像以后不会再见一样。中国人从不做这种事情,因为我们懂得《易经》的道理。我们说"再见",可能有两种情况,一种是还要再见面,另一种是从此不见面。就"再见"这两个字而言,其结果都是不确定的,就看我们怎么反应,这才是《易经》。抱得紧紧的,大概这辈子没有见面的机会了,你所表现出来的象,已经被老天知道了,老天就满足你,这叫心想事成。中国人嘴里说"再见",至于心里怎么想是另外一回事。所以表现得很平淡,老天也知道你想跟他再见面,于是就安排你们散后重聚。

中国人讲话做事一般不会很夸张,很多人据此讲中国人压抑自己的情感。其实,我们不是压抑自己,而是知道任何事情要适可而止,否则就对自己不利。举个例子,中国人祭祖宗,都选在一年一度的清明节,并不是天天都去。作为帝王,祭天要恭敬,要沐浴更衣,表现出自己的虔诚。这是做给所有人看的,意思是说我这样做你们还不相信我,那再怎么讲都没有用。因此,我们的目的是说,在涣散的时代,不能够说就这样算了,而是我们每个人都有责任。

涣散的时代带给人们的,其实不仅是风险,更重要的是磨炼意志,实现人生价值的机会。那么,人们如何才能把握好这个机会?身处涣散的时代,每个人的责任又该是什么呢?

一个人,生逢涣散的时代,要觉得庆幸而不是倒霉,因为好不容易有这样的机会可以磨炼自己,有所作为。一念之差,结果往往是天壤之别。怎么办呢?你是一个人,就从个人做起;是个小团体,就从小团体做起,要建立共识。很多人一天到晚讲共识,却不知道什么才叫作共识。简单来

第一百三十一集　当散即散

讲，最起码做人要有做人的样子。就算世道乱七八糟，我们也要尽力维护自己的整齐，哪怕粗布衣衫，颜色不好看，也要穿得干干净净，并且把自己家里整理好。这样有两个好处：第一，身体健康。第二，把脑筋搞清楚，按部就班、一点一滴做事情。要知道趁乱去做任何事情，都是没有好结果的。

我相信大家都有这样的印象，在我们穷困的时候，突然间没有几年，就变了许多。变是很快的，不是漫长的，就怕不去做。不去做，永远不会改变；只要去做，总会有一点一滴累积起来的成果。在涣散的时候，最要紧的就是重新恢复我们应有的价值观。做一个人，就是要有价值观而已，再怎么样都要争气，尽自己最大的能力，先要自己做好，然后帮助家人做好。每一家都这样，国家马上就不一样了。

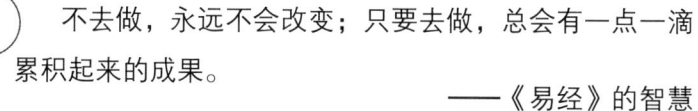

不去做，永远不会改变；只要去做，总会有一点一滴累积起来的成果。
——《易经》的智慧

我们一定要清楚，人的一生主要就是看活得有没有价值。活得没有价值，就等于白来一趟。人生很辛苦，要读书，要找工作，要这样，要那样，如果我们再过那种没有价值的人生，实在不值得。所以，无论如何都要好好做人，"既来之，则安之"，很多时候是没有选择的。

我们的圣贤很聪明，这样告诉我们，想要在乱世重建社会秩序，只需要一个字就够了，这个字就是"孝"。我们中国人很重视孝道，子女孝敬父母，家里面的氛围就很融洽，家庭成员之间的关系也很友好。所以，孝能够聚集人心。接下来，我们就来讲：重聚人心。

易经的智慧・第一百三十二集　重聚人心

当家庭离散、人心涣散成为一个社会的主要形态时，就说明社会已经脱序。此时身处其中的人们，如何才能在保全自己的情况下，凝聚人心、重建社会秩序？对此涣卦的六个爻，又能给出怎样的解答呢？

第一百三十二集　重聚人心

涣卦有三个阴爻、三个阳爻，调配得很均匀，一个阴就配一个阳，接着两个阴，又配两个阳。可见它给我们安排了很多问题，只要我们循序渐进、按部就班，是可以化解的。全卦最要紧的那一爻，就是九五。换句话说，在这种涣散离乱的局面，九五的所作所为，就是整个局面能否改变的关键。所以，九五是负责建立共识、改变当前这种乱象的一个主要人物。下面四个爻——初六、九二、六三、六四，都是来帮助九五爻的。

我们先从初六爻看起，其爻辞（图132-1）说：**用拯马壮，吉。**

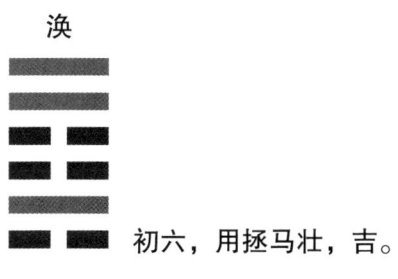

图132-1

"用拯马壮"，"拯"，拯救的意思。初六告诉我们，一个人的才能有限，就算想尽责任也尽不了。而且初六不当位，本身很柔弱；上面又跟六四不相应，没有人支援，所以眼看着这么乱，很想做点事情，却有心无力，因为自己的才能不足以应对当前的局面。怎么办呢？向上找六四没有用，只好找九二。九二是健壮的，好比马那样强壮有力，可以拉初六一把，这样初六才可以吉顺。

那么，九二凭什么要拯救初六？因为九二跟九五也不相应。如果九二

跟九五相应，它们两个凑在一起，就算初六再怎么求九二，它也不会帮忙。所以，事情有时候就是这样凑巧。在动乱的局面面前，要自己衡量、定位：我能做些什么，我人微言轻，别人不重视怎么办？这个时候，只好找一个人帮助自己，依靠他，追随他。老实讲，要逃生，也不是说一个人想跑就能跑掉的。一个人面临涣散离乱的时候，千万要冷静，考虑一下自己的条件，考虑一下跟随谁走比较对。可见，我们平常就要对周边的人有一点了解，这样在紧要关头才好做出正确的选择。

小象说：*初六之吉，顺也*。初六在这个时候最好不要逞强，而是要顺着九二，因为自己是柔，九二是刚。初六要表现出愿意追随九二，有什么零碎事情，帮九二去做，不会拖累九二。这全靠初六的修养，叫作以柔顺刚。

老子在《道德经》中，一再强调了"柔弱胜刚强"这一观念，身处涣散离乱的环境时，能力不足的人就要学会以柔顺刚，懂得借助别人的力量来躲避灾祸。但是那些稍有能力的人，会不求回报地帮助别人吗？他们又能从依靠自己的人身上，获得什么好处呢？

接着看九二，其爻辞（图132-2）是：*涣奔其机，悔亡*。

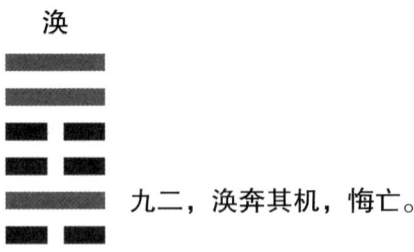

图132-2

九二阳居阴位，不当位，所以必须趁初六来顺自己的时候，不要抬高身价，不要嫌弃初六。如果九二再嫌弃初六的话，自己也很难跑得动。

第一百三十二集 重聚人心

"涣奔其机":"涣",离散;"机",茶几,也叫作几案,即可以依靠的用具。九二准备跑,就要找那个靠得住的,而不是去高攀。九二可以去找六三,可是六三跟上九是相应的,根本不会理睬它。而初六愿意归顺于九二,九二又觉得它可以依靠,就奔向初六,所以本来有悔的,现在也消失掉了。彼此有个伴,互相协助,对初六和九二来说,都是有好处的。这就是涣卦为什么把一阴一阳紧靠在一起的主要原因。

六三就麻烦了,涣卦下卦是坎,而六三处于下坎的上端,这个位置危险万分。我们先看六三的爻辞(图132-3):涣其躬,无悔。

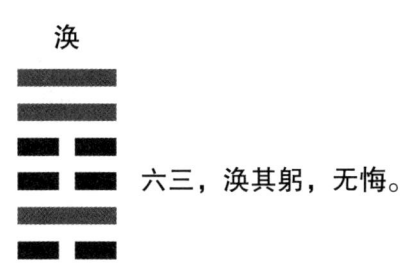

图132-3

"涣其躬","躬",指的是自身。六三为什么能够消除切身之乱呢?就是因为它跟上九相应,上九会在上面拉它一把。其实,上面有人提拔,有人帮助,对每个人而言都是好事情。我们常常听很多人说,人要靠自己,绝对不要想着靠别人。这当然也是有道理的,可是我们从涣卦的初六和九二都能感觉到,还是有人依靠、有人帮助比较好。六三处在这样一个险极的位置,本来是很糟糕的,幸好上面有人提拔,让六三自身能够逃离这个涣散的局面。

涣卦下卦是坎,代表险;上卦是风,代表顺。所以,不要老是抱怨自己处于险境,或者老是舍不得现在的状况,而是说走就走,同时还要走对方向。六三从险的地方走到顺的地方,当然无悔。

我们举个案例来说明,这个人孔子也很赏识,叫作微子。

微子是商纣王的兄长。殷商末年，纣王穷奢极欲，暴虐嗜杀，微子屡次劝谏，却不被采纳，于是选择出走，远离纣王。商朝被周朝所灭后，微子持祭器向周朝乞降，而后被封为宋国的国君，继承了殷祀。那么，为什么有叛逃行为的微子，会被孔子赞赏？他的所作所为，人们又究竟该不该效法呢？

我们中国人向来这样，把某个人灭掉以后，会帮助他的子孙延续其香火。除掉一个人，并不代表要消灭他的整个宗族。微子就是六三，本来是叛逃，现在变成功臣，看到上九可以拉自己一把，为什么要放弃呢？如果这个时候再不接受上九的提拔，那才真是整个完了。

在殷商末年，微子的位置本来就险极了，如果等到商纣王亡国的时候，他还在那里，想跑都跑不掉了；若是一看情况不对赶快跑，别人一定会骂他根本就是叛逃。在这种情况下，微子选择了出走。周朝建立后，他又被请回来，而且可以承继商的这一条余脉，这就是有功。他的子子孙孙，当宋国的国君，跟周朝一样长久。

像比干、像箕子，他们壮烈牺牲，我们也很佩服，但是跟微子相比，还是微子有智慧。国家的元气，是不能随便让其消失的，这比个人的权益、名誉还重要。与其做无畏牺牲，倒不如为了保存香火而忍辱偷生，就算一时得不到大家的谅解，长久下去还是无悔的。

我们再看唐太宗时候的魏徵，他是历史上有名的谏臣。当年太子之争，魏徵不在唐太宗这一边，而是在帮助太子李建成。唐太宗派人跟魏徵说请他过来帮忙，用意很明显。魏徵也很清楚，自己的位置非常危险，因为只要两军一打，唐太宗这边必赢。所以，魏徵说了一句话：愿为良臣，勿为忠臣。宁愿做良臣，也不愿意做忠臣。这就是"涣其躬"，即能够及时消除自己切身之乱。如果魏徵说自己是忠臣，忠臣不事二主，这样的话到最后就会逼得唐太宗不得不杀他。所以，他的选择就是与其愚蠢地去尽愚忠，不如明智地做个良好的臣下，这样对整个天下的贡献也比较大。

第一百三十二集　重聚人心

人心涣散、社会动荡不安之时，国家和百姓都更需要良臣，而非忠臣。然而，良臣要想最终发挥作用，还需要受到国君的信任，究竟怎么做才能得到信任？涣卦的六四爻，又会带给人们什么启示呢？

六四已经脱离下卦，坎险都过去了，进入上巽，即进入顺境了。我们先看六四爻的爻辞（图132-4）：**涣其群，元吉。涣有丘，匪夷所思。**

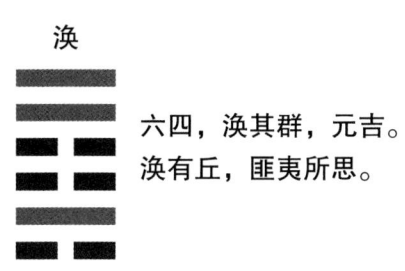

图132-4

六四是当位的，又不受初六的连累，这样就可以"涣其群"。"群"，指的是人群社会所依托的国家。人是群居的动物，因此一定有一个组织，这个组织就叫作政府。我们可以看到六四的处境，上面是阳刚的九五，一个阴爻被一个阳爻压在底下，日子也不好过。可是它很幸运，因为九五跟九二是不相应的，所以九五也会接受六四的协助。老实讲，一个人就算很有才干，也要看领导信不信任。

就整个卦来看，从初六到六四这四个爻，哪一个爻得到九五的信任，哪一个爻就可以发挥它的能力，否则的话，是没有办法的。因此，六四能够"涣其群"，就是因为它没有私心，全力去帮助九五，才能"元吉"。六四看准了九五是走正道的，所以协助九五绝对以整个国家为先，而且九五也很相信它，感谢它能来帮忙，这样的话自然能够大吉。

"涣有丘，匪夷所思"，不像想象的那么平顺。哪有说六四去扶助九五，然后就可以顺利完成自己想做的事情？六四要看九五正不正，信任不信任自己，还要看自己的表现怎么样，这里面有很多条件。但六四跟九五有上同之识,而没有彼此的嫌疑,这是很难得的。

前面已经讲过了司马光的事例。他表现得非常好,好到不敢去见皇帝,这样就没有办法上同,没有办法得到上面的信任。现在不是,六四再怎么表现,上面都认同,都不会认为它有非分之想。正因为六四有上同之识,所以才会元吉。

我们接着来看九五。九五是当位的,下面有六四,上面有上九,共同构成一个巽卦。意思是说只要九五走正道,就会一帆风顺。这个时候九五就变成了圣德的君王,恩威并济。九五(图132-5)爻辞是:**涣汗其大号,涣,王居无咎。**

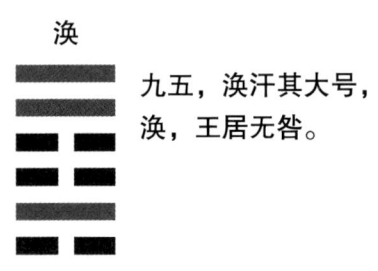

图132-5

"涣汗其大号","涣汗",发汗;"大号",盛大的号令。九五行得正,一切为公,所以敢发号施令,而且发号施令的时候好像出一身大汗一样。这叫作君令一出,绝不反悔。我们说,要使离散败乱的状况恢复正常的秩序,完全靠九五。

"涣,王居无咎",君王能够守住自己的德业,没有一点后遗症,那么不管怎么发号施令,下面的人都会全力支持。

涣卦所代表的那种离散动荡的境况,要想有所好转,最重要的其实是聚合人心。百姓以及贤士,在君王的领导下,共同致力于重整秩序,就能消解离散,安定社会。那么,涣卦的上九爻,还能发挥什么功用,又为什么缺它不可呢?

第一百三十二集　重聚人心

上九爻辞（图132-6）说：**涣其血，去逖出，无咎**。

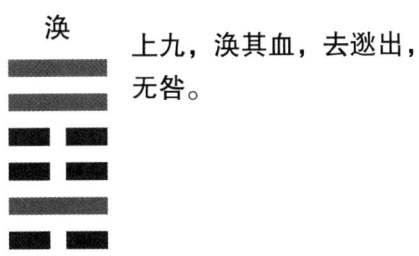

图132-6

上九处在最高位，就是要准备重聚，重新恢复条条有理的社会秩序，所以它一定是"无咎"的。但这是有条件的，即"涣其血，去逖出"。"血"，比喻危险。把危险都解除了，使得自己非常通畅，意思是一切离散的又变成慢慢聚合的，凌乱的又变成有条理的，社会上骗来骗去的乱象也逐渐消失了，这当然无咎。

其实，上九离下坎最远，它只要好好跟九五配合，天下就能慢慢恢复正常。上九代表的是国之大佬，他有责任唤醒大家，尤其是唤醒君王，这样才能无咎。所以，"涣其血"用意在于看到这个危险已经快要过去了，上九就要"去逖出"，即挺身而出，把该讲的话讲出来。这样大家才会远离伤害，恢复正常。

我们可以看到，在消乱这件事情上，主要的引导核心是九五，真正出全力的是六四，最后号召大家，好好珍惜这个难得成果的，是上九。那么，上九所用的方法是什么呢？

小象说得很清楚：**涣其血，远害也**。上九用的方法就是告诉大家不要再拼斗了，而是要全力巩固领导中心，这样才不会"两虎相斗，必有一伤"。彼此斗来斗去，对大家都没有好处，最好的是从此以后把离散的局面抛掉，考虑怎样聚合，才能和谐地合作。用现在的话来说，就是和平发展。人心涣散，天下必乱；人心团结，天下必治。历史向来都是这样。就好像水一样，如果水向外扩散，我们就知道它是动荡的；如果水平静下

来，我们就知道天下太平已经为期不远。这个时候要赶快改变那种离散的作风，赶快守正，这不叫改变，而叫调节。改变是很麻烦的，因为改变太唐突，所以我们要去调节。调节得宜，就叫作与时俱进。今天很多人在讲与时俱进，其实真正的与时俱进，就是慢慢调节，调得使大家不会感觉很唐突，不会特别来注意。

人心涣散，天下必乱；人心团结，天下必治。
——《易经》的智慧

老实讲，人不管在什么地方，只要被人家注意，总是倒霉的。想想看，大家都盯着你，本来仅仅是一点小错，也会被夸张放大，那又何必惹人注目呢？因此，我们才恍然大悟，为什么涣卦后面是节卦，意思是说天下快要太平的时候，要及时做好调节。就像水一样，由动荡的波浪慢慢平静下来，这才合乎自然的道理。

节卦是《易经》中的第六十卦，这是一个非常要紧的卦。六十代表一个花甲，一个花甲就是六十年。人生从一岁活到六十岁并不容易，这个时候差不多快要进入老年了。那么，要怎样调整自己，才能够得到一个比较好的晚年呢？所以，涣卦之后，接着便是节卦。

易经的智慧・第一百三十三集

卦中有卦

《易经》是完全根据自然，发展出来的一套系统。大自然是周流不停，时刻处于变化之中的，《易经》的六十四卦，也不是彼此孤立、静止不变的，因此才会发展出变卦、互卦、综卦、错卦、交卦等易理知识。那么六十四卦之间，变化出如此错综复杂的关系，意义何在？掌握了这些变化关系，对于人们的生活又会有什么裨益呢？

第一百三十三集　卦中有卦

我们常常讲《易经》八卦，这句话没有错，《易经》本来就只有八个卦。有人说不是八个卦，而是六十四个卦。没错，六十四个卦就是八个卦所演变出来的，也叫作八卦。这么简单的几个卦，能够把世界上所有的事情，都代表出来吗？

其实我们不用质疑，因为八卦既然可以变成六十四个卦，那么六十四个卦，也就可以变成很多很多的卦。因为每一个卦，实际上都代表了好几个卦。

我们现在用涣卦来做代表，当它每一个爻由阴变阳，或者由阳变阴的时候，它马上就变成另外一个卦（图133-1）。初六变初九，涣卦马上就变成中孚卦，中孚卦是《易经》第六十一卦。如果把九二变成六二的话，涣卦马上变观卦，它就是《易经》第二十卦。如果把六三变成九三，它马上就变成巽卦，就是《易经》第五十七卦。六四变九四，涣卦就变讼卦，《易经》第六卦。九五变六五，涣卦就变蒙卦，就是《易经》第四卦。上九如果变成上六的话，涣卦马上就变成坎卦，就是《易经》第二十九卦。

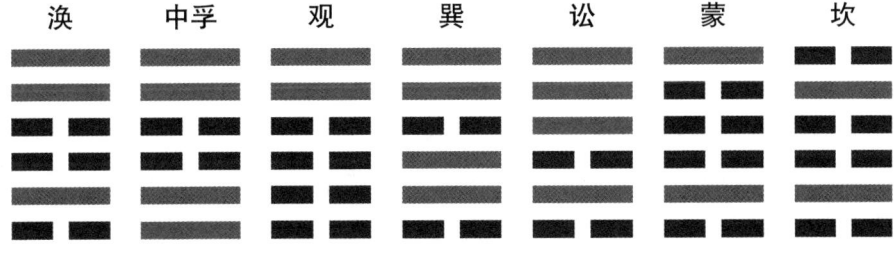

图133-1

　　原来一个爻变，全卦都变，这样我们慢慢就浮现出一句话，牵一发而动全身。那么这样的变有没有意义呢？当然有意义了。我们就来看看，涣卦所变成这六个相关的卦，它们有什么样的代表意义呢？我们现在从上面往下看，上爻一变就出现坎卦。就是告诉我们，在涣散的时候，要冷静地在大环境当中习坎。

　　一个突然间发生的事件，使得人心惶惶，平常是互相关心的一家人，可是等到紧急的时候，都可能四散去逃命，正所谓大难来时各自飞。这是事实，也很难说有什么错。一家人在紧急的时候，如果没有那么大本事，也不大可能让每个人都安全脱险。自己逃脱不掉，也没必要扯上别人同归于尽。所以有难临头，有的人跑不掉，有的人跑掉了。跑得掉的人，回头再想办法搭救那些跑不掉的，有时可能效果反而更好。因为任何事情不是只有一个化解方法，可能有多种办法，所以要好好去想一想。

　　但是我们千万记住，临坎的时候，切莫怨天尤人，切莫发混账脾气。为什么事情要发生在我身上？我为什么这么倒霉？为什么不是别人倒霉？凭什么我要去冒这个险？如果这样，那么就连第一关都过不了。

　　涣卦的上爻一变，为什么就变成坎了呢？我们可以回过头来，以启蒙的心态来找自己的缺失。看看是方向不对，还是方式有问题，还是从根本上出现了问题，这样反而可以避免因为不协调而引起的争讼。蒙卦之所以能把这个讼卦化解掉，可不是通过消极地逃避，因为逃避不了，而只是因为能够事先想到，分析将来可能产生的后果，会否引起争讼。因此就会深入地去了解，自己所处的内外环境，这个就是巽卦。巽卦表示，风一吹过来的时候，就会把所有肮脏的东西，都给翻扬出来。没有风的时候，人们会觉得空气很干净，可是风一过去就糟糕了，地上乱糟糟的什么都有。于是人会观察、反省，分析各种相关的因素，还有这些因素之间彼此的互动关系，这个就叫作观卦。到了这个地步，我们就会知道，一切一切都是诚信出了问题，这就是为什么中孚卦那么重要的原因。可见，一个卦中任何一个爻变了，就会引起一连串的变化。但是任何变化都跟本卦有关系，而

第一百三十三集 卦中有卦

不会跟本卦脱离很远。

其实变卦不仅从上往下看,是个完整的过程,从下往上看也一样:流离失散的时候,人们首先要反求诸己,充实自己的诚信,再加上仔细观察当下的情况,才能进一步了解情况的核心,这样就不至于引发争讼;而后还要请教高明,启发自己的盲点,以便安全脱险。可见掌握了变卦的规律,就掌握了化解问题的关键步骤。此外易理知识中,还有一种卦的变化,被称为互卦。互卦又能带给人们什么启发呢?

每一个卦都有六个爻,除了每一个爻一变就变成另外一个卦之外,如果六个爻都不变,它里面也含有五个卦,我们把它叫互卦。

我们可以看涣卦(图133-2),把初六、九二、六三、六四、九五这五个爻看成六个爻。具体方法是,初六、九二、六三算下卦,九二、六三、六四算上卦,就变成解卦,是《易经》第四十卦。把初六、九二、六三算下卦,六三、六四、九五算上卦,那就变成蒙卦,是《易经》第四卦。我们也可以从九二开始一直到上九,看成六个爻,九二、六三、六四是下卦,六四、九五、上九是上卦,那就变成益卦,是《易经》第四十二卦。也可以把六三、六四、九五、上九这四个爻,看成六个爻,那就是六三、六四、九五为下卦,六四、九五、上九为上卦,就变成《易经》第五十三卦的渐卦。我们也可以取二跟五之间,九二、六三、六四、九五这四个爻,把它变成一个卦,那就是《易经》第二十七卦,颐卦。

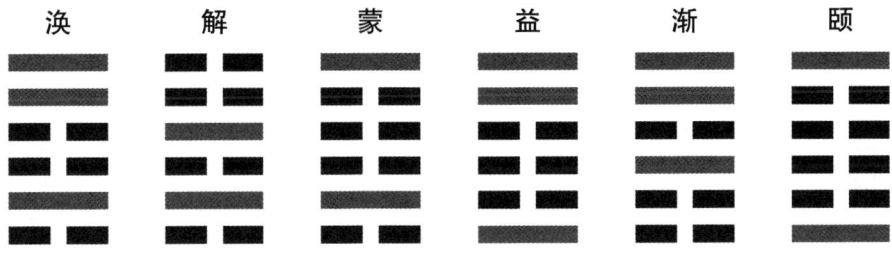

图133-2

我们从一个涣卦当中,可以分析组合出的,有解卦,有蒙卦,有益卦,有渐卦,有颐卦。那么这有什么意思吗?当然有意思。当看到涣卦初六的时候,马上要想到它是解卦的初六,它是蒙卦的初六,它又是渐卦的初六。把这几个初六爻的爻辞拿来,把它们综合一下,就会给我们很多的佐证、很多旁敲侧击的资料,可以加强我们对这一爻的认识。

五个互卦,加上本卦,就是六个卦了。还有上面讲的,它六个爻所变成的六个卦,就是十二个卦。那么还有没有了呢?当然有了,因为每一卦都有综卦,都有错卦,都有交卦。

我们还是以涣卦为例(图133-3),涣卦的综卦是节卦,错卦是丰卦,交卦(上下交换)是井卦。

图133-3

那么在十二个卦的基础上,再加上三个卦,就是十五个卦了。所以说,只看一个涣卦,实际上就有这十五个卦在里面,彼此牵连,错综复杂。因此当把六十四卦读完以后,我们就要练习,把每个爻跟相关的爻一并来考虑,把每个卦跟它发生关系的不同的卦,一道来比对,这样当然对研判一件事情,就有更周密而且更深刻的见解。

那么,我们想想看,乾卦与坤卦(图133-4)有这么复杂吗?有人首先会觉得,乾卦六个爻都是阳爻,所以它的五个互卦全部都是乾卦,它的综卦也是乾卦,它的交卦(上下交换)也是乾卦,只有一个错卦叫坤卦。真的是这样吗?

第一百三十三集　卦中有卦

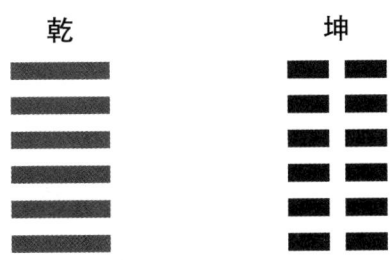

图133-4

乾卦确实六个爻都是阳爻，那么初爻变会怎么样呢？那就变出新的一个卦，就是姤卦。如果二爻变，则又是一个卦。如果三爻变，也是一个新的卦。也就是说，只要六个爻一个一个变，就变成六个不同的卦，可见它还是有变化的（图133-5）。

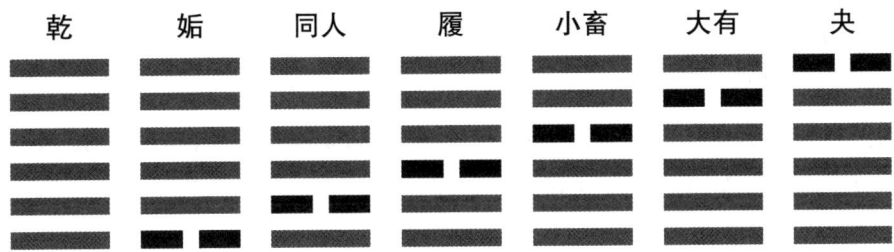

图133-5

那如果说两个爻变怎么办呢？毫无疑问，两个爻变就更复杂了。到底是一二爻变还是一三爻变？或者是二三爻变、二四爻变、三五爻变、三六爻变呢？还有三个爻变、四个爻变、五个爻变呢？这都会变出很多卦来，可见它也是变化多端的。

坤卦也是这样的。其实我们现在慢慢可以知道，最简单的就是最复杂的。《易经》中的六十二卦，就是乾坤这么简单的卦所变出来的。所以到底我们处理事情是要用简单的，还是用复杂的？《易经》告诉我们，凡是碰到很简单的，都要复杂化，不然的话一定大意失荆州，一定阴沟里翻船，因为它不可能那么简单。凡是复杂的，那就把它简单化。所以《易经》可以很简单，就是八个基本卦。把八个基本卦看清楚了，就知道每一个卦，它在上面是什么意思，在下面又是什么意思，基本上就八九不离十了。

简单的时候就非常简单，复杂的时候可以搞得非常复杂，然后再在当中找到一个恰到好处的点，这就叫作合理点。

要想在处理事情时找到合理点，就要懂得节制。《易经》中涣卦的综卦，便是专门解析如何节制的节卦。那么涣卦和节卦之间，究竟有哪些错综复杂的关系？综卦的意义又是什么呢？

我们可以看到，涣卦与节卦（图133-6），一个是《易经》第五十九卦，一个是《易经》第六十卦。《易经》经常都是，前后两个卦之间的关系是最密切的，它们往往是倒过来倒过去的关系。就是说这个卦走到极端，就走到另一卦的开始，另一卦从开始又走到极端，然后再回头。人生就是这么反反复复，为什么会这样呢？因为人是习惯的动物。我们把它叫作习性，或者叫作习气，也可以叫习惯。

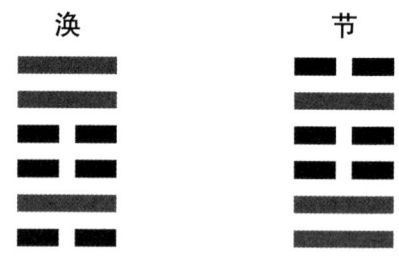

图133-6

每个人就那么几个习惯而已，一遇事就习惯于自己的思维和办法，而这些习惯性的思维和办法却未必好。习惯性的东西，就是人们常说的老样子。而这些老样子每个人都不一样，但是对某一个人来讲，就是固定的老

第一百三十三集 卦中有卦

样子。人生就是要把这些老样子消减掉，否则我们这一辈子在修什么呢？

根据上面的说明，我们马上就知道了，涣卦的初爻就是节卦的上爻，涣卦的上爻就是节卦的初爻。我们来看看是不是这样子。

涣卦的初六爻告诉我们：**用拯马壮，吉**。就是有壮马来帮助，人跑得很快，意思是帮助人逃生。而流离失散，一定是发生了非常重大而且很危险的事情，这时候还慢吞吞的，还要商量商量，或者把东西收拾好再走，那根本就跑不掉了。这个时候最要紧的，就是希望有好的工具来帮助逃生。那么为什么要逃生呢？我们到节卦的上爻去看一看，涣卦初六变节卦上六，叫作：**苦节，贞凶，悔亡**。

苦节就是节制得太过分了，压制得老百姓民不聊生，只能四处逃生。为什么老百姓要急急忙忙逃生？就是因为统治者管得太多了，管得太严了，使得老百姓宁可逃跑。逃生当然是很危险的，但是老百姓宁可冒险，逃不掉死了就算了，也认为总比在这里活着要好一点。涣卦的初六为什么会这样？去看看节卦的上六就通了，原来有这么一个关联性在。

涣卦的上九，就是**涣其血，去逖出，无咎**，就是要远离那个灾害，因为消除不了灾害，所以不说吉，只是说无咎而已。节卦初九则是**不出户庭，无咎**。同样是无咎，为什么把老百姓搞得这么凄惨呢？就是平常没有教化。假如一个地方搞得老百姓宁可往外跑，而又明知道跑是非常可怕的，那么到这个地步的原因，仔细去追究，就知道是没有教化。那到了要节的时候，就会越强制越跑得快。所以这个时候必须另外制定一套教化的政策，首先就是要保密，因为一旦让跑的人知道了，他就会评估：我值得回来吗？我是不是跑得更远比较好？

所以像这种情形，我们一定要把两个卦合在一起看，才能看得懂其中的前因后果。

我们现在谈得最多的就是我们中国起来了，可是别的国家有没有尊重我们呢？有的尊重，有的没有尊重，当然，我们现在最希望的就是，好不容易强盛了，老百姓不要有涣散的心理，要能够节制，能够集中，能够团结。为什么这两个卦那么重要呢？就是它们之间随时可以发生转变。我们

一定要想出一套新的办法,让老百姓有信心。

这是我们举例来讲,其实每一个卦都是这个样子。每一个卦都有五个互卦,都有综卦,都有错卦,都有交卦,有这么多东西。我们才知道,六十四个卦,实际上会变化四千零九十六个卦。这就够了,如果再要搞下去,那谁也受不了了。

如果一个人毕一生之力,专门研究《易经》,就算在《易经》领域搞出更多的花样,也是不值得提倡的,因为其他什么事都没有做。除了吃饭、睡觉以外,还能去做什么呢?还会有什么贡献呢?所以我们老祖宗告诉我们,做任何事情做到差不多就好了,再下去就是过分了。这就是我们的《易经》在讲完涣卦之后,马上要跟一个节卦的道理。

事实上,我们在各个方面都是很涣散的。比如注意力很涣散,这个要注意,那个要注意,生怕漏掉一点,有这个必要吗?这样东西想要,那样东西也想要,什么东西都想要,这也是涣散。嫌在这里赚的钱不够,还要到别的地方设分公司,要在全球都设分公司,那完全是涣卦了。如果不知道止步,什么都贪得无厌,最后的结果只有散掉而已,徒劳无功。

孔子是非常了解这些变化的,所以他才讲:*不占而已矣*。如果把这些变卦,都搞得清清楚楚的话,那还要占卜干什么呢?孔子把一切都给我们讲得清清楚楚,走到这一卦时,下一卦是什么,再回想上一卦是什么,然后想想自己该往哪里走?可以一直走下去,哪怕走错路都可以,因为随时都有一条路让人走。路是人走出来的,怎么会无路可走呢?

孔子的意思是说,当把这些弄清楚的时候,还要不要占卜?如果要占卜的话,那就只有一条路最安全、最方便、最有效——自己占卜自己解卦。所以我们接下来就要来谈一谈,如何自占自解。

易经的智慧·第一百三十四集

自占自解

未来究竟会发生什么变化？现在怎么做，未来才能更好？这些可能是每个人都想要探知的问题。而《易经》的占卜功能，就是根据数的变化，以及自然规律，来预测未来。那么究竟如何占卜，才能尽可能准确地掌握未来的变化规律？这些占卜方法是否有据可循？占卜成卦之后，又该如何正确解读呢？

第一百三十四集　自占自解

很多人都很关心，为什么我们迟迟不讲占卦的事情？这是有原因的。因为占卦是非常迷人的事情，如果不对易理有一个初步了解，贸然就去占卦，就很容易一头栽进去，难以自拔。那种受害是很难挽回的。我们每一个人，都很想知道未来会怎么变化，这完全可以理解。尤其现在的时代，变化之快简直出乎大家的预料之外。因此我们都会去想，明天会怎么样？明年会怎么样？这几年会有什么变化？我该怎么做？也就是说，我们对于预测，对未来的变化，都非常关心。而《易经》则可以通过占卜的方式，来告诉我们未来的变化，因此很多人就非常向往。

我们还是尊重孔老夫子的说法：**不占而已矣**。他这个"不占而已"，并不是说反对占卜，没有这个意思；也不是说占卜是不存在的，是迷信，也不可能是这样；更不是说你们都不会占，我一个人来占，他没有那么自私。他只是说，大家还是要把易理初步弄清楚，你真的要占，你才会比较安全。我们怎么知道这些事情呢？因为《系辞传》讲得很清楚：**君子居则观其象而玩其辞，动则观其变而玩其占**。里面都用"玩"这个字，玩就是玩味和揣摩的意思。

孔子说我们在平时有空的时候，就把易卦拿出来，看看每个卦卦象的变化，看看卦爻辞讲些什么，以便对这些道理有更深入的了解，因为一切都是有道理的，不可能没有道理。当我们行动的时候，就要看这个卦的变化，卦序为什么这样安排，有时候我们也可以借着占卜，然后来玩味、揣摩，看看给我们哪些参考。他讲这句话的意思，就是让我们不要依赖占卜。人一旦依赖占卜，就失掉了自主性，连生存的尊严都没有了。我们想想看，每做一件事情的时候，就要占卦，这就等于人在做卦的奴隶。卦叫

你做你就做,卦叫你不做你就不做,人完全是工具,还有什么价值呢?所以我们一定要搞清楚,在哪一种情况之下,遵循什么程序,用什么心态去占卜,然后才可以叫作"玩其占"。

孔子又说:**极数知来之谓占**。这是在解释什么叫作占卜,就是通过占卜中数的变化来预测未来。其实现在科学也在预测未来,就叫预测学,也可以叫趋势学、未来学。连天气预报其实都是在告诉我们未来天气的变化,只不过不是通过占卜而已,但也是通过一系列数的变化来预测,其中的原理是相通的。

孔子不仅在《系辞传》中解释了占卜,占卜就是通过数的变化预测未来,还阐释了究竟该如何占卜。那么这些占卜步骤的依据是什么?占卜的时候,数会发生什么样的变化?又该如何根据这些变化占卜成卦呢?

我们来看《系辞传》第九章,上面写得明明白白:**大衍之数五十**。我们要卜卦,以前是用五十根蓍草。因为蓍草的尊贵性和难得性,所以不要一下把它拔光了,以后没有了,那就糟糕了。我们现在不用五十根蓍草,用五十根筷子、五十个树枝、五十个铜板、五十个扣子,只要是五十个同样的东西,都可以卜卦,而且也不会有什么区别。

为什么说"大衍之数五十"呢?衍就是演绎、推演的意思。关于五十的说法很多,有说这样的,有说那样的,大家都可以参考。现在,我们去看看《易经》六十四卦的卦序,第五十卦是什么呢?第五十卦就是鼎卦。鼎卦的意思是说:我现在要卜一件事情,祈请不管是哪方神明,都要鼎力相助啊!大衍之数到底怎么来的,因为当时没有讲得清楚,所以后来大家都要猜测,那我们也猜测,不是更简单了吗?

其用四十有九,就是五十根蓍草用四十九根,有一根不用。这是什么道理呢?这更容易理解了。因为如果说用五十根,两边一分刚好一边二十五,那不糟糕了吗?因为两边都是奇数。如果拿掉一根,剩下四十九根,无论怎么拿,都是一边是奇数,一边是偶数,这样就分出阴阳了。而

第一百三十四集　自占自解

且《易经》的第四十九卦正好是革卦，革卦的意思是说要有所变革，想革故鼎新，弃旧开新，所以才请神明鼎力相助。通过这样的一种表达方式，占卜者就能把心念集中在一起，发出诚信的那种力量。这样解释不是很简单吗？而那个不用的一根就当作太极，太极是不动的。

然后是**分而为二以象两**，把一根拿出来，说：拜托，请鼎力相助啊！我现在想要有一番作为，革故鼎新，请告诉我情况怎么样。然后把四十九根分而为二。分而为二就是太极生两仪，分阴分阳。

挂一以象三，就是从一侧里拿出一根，挂在另一只手的无名指与小拇指之间，就变成了三才，代表天地人三才，完全符合《易经》的道理。挂一以象三，是拿左边的还是右边的？正面看和反面看，左右正好相反，所以怎么拿都有道理。比如我们到庙里头去，要靠哪边走呢？我们常常说左青龙、右白虎，到底是以坐向定还是以面对定？就很难搞清楚。我们以前所讲的方向，大概都是以坐向确定的，都是以它为主，不是以我为主。两仪在左边的象天，在右边的象地，在右边的策数中分出一策象人，挂在左手的小指间，以象天地人三才。

取右边的蓍草，以右手四四揲之。就是以四策为一计数单位，揲之就是数之，一数就是四策，以象征一年的春夏秋冬。数到最后，视所余的策数，或一，或二，或三，或四，都算是奇数，即将此奇数之策扐在左手的第三第四指之间。此即"归奇于扐以象闰"。

次取左边之策，而以右手四四揲之。这也是"揲之以四，以象四时"。数到最后，视所余之策，或一，或二，或三，或四，都算是奇数，而将此奇数之策扐在左手的第二第三指之间。此即"五岁再闰，故再扐而后挂"。揲蓍到此，是为第一变。

检视扐在左手三四指间的右余之策，以及扐在左手二三指间的左余之策，如右余一策，则左余必三策，右二则左亦二，右三则左必一，右四则左亦四。合计左右所余之策，以及在左手小指间的一策，即是一挂二扐的策数，不是五策，就是九策。即将这五策或九策另置一处，第一变即告完成。

再将左右两边已经数过的蓍草合起来，检视其数，或是四十四策，或是四十策，再度分二、挂一、揲四、归扐，如第一变这样。最后检视左右所余之策，右一则左必二，右二则左必一，右三则左必四，右四则左必三。合计左右所余之策，以及挂在左手小指间的一策，即是一挂二扐的策数，不是四策，就是八策。即将这四策或八策另置一处，是为第二变。

又将左右过揲之蓍合起来，检视其数，或四十策，或三十六策，或三十二策，如第二变那样分二、挂一、揲四、归扐。最后检视左右所余之策，与第二变同，则将所余之策与挂一之策合之，另置一处，是为第三变。

三变而成一爻，计算三变所得挂扐与过揲之策，便知所得何爻。如三变合计得挂扐十三策，以减四十九策，则知三变合得过揲的策数是三十六策，以四除之，因为揲蓍时是以四四数之，此处故以四除，得九，是为老阳。如三变合得挂扐二十五策，则知三变合得过揲二十四策，四除，得六，是为老阴。如三变合得挂扐二十一策，则知三变合得过揲二十八策，除以四，得七，是为少阳。如三变合得挂扐十七策，则知三变合得过揲三十二策，以四除之，得八，是为少阴。

如是三变而成初爻，即将初爻画出。以下不再命蓍，即用四十九蓍，分二、挂一、揲四、归扐，再经三变而成二爻。以后每三变都是如此。一卦六爻，十八变而成一卦。画卦时，由下往上画。前九变而成三爻，出现一个三画卦于内，即是初二三爻，称为内卦。后九变又出现一个三画卦于外，即是四五上爻，称为外卦。得内卦是小成，得外卦是大成。六十四卦皆是如此。

可见占卜，就是经过十八次数的变化，最终成卦的。但是占卜的目的，不是得到一个卦象，而是要预测未来；人们在占卜成卦后，该如何正确解读卦意，指导未来生活呢？

现在要举一个三国时代的案例，来让大家知道怎么占卜，怎么解卦。三国时代有一个非常出名的事件，叫作"大意失荆州"。我们现在不管是

第一百三十四集　自占自解

不是大意，我们只是把这个过程的一个案例说出来。

孙权听说关羽失败了，他就很紧张，因为不知道结果到底会怎么样。东吴朝中有一位在易学界很有名的人，叫虞翻。孙权就对虞翻说，你那么会占卜，就再占一下，关羽这次会怎么样？那虞翻只好占了。占出来第一个数字是七，就是初九爻。第二次的数字还是一个七，就是九二爻。第三次的数字是八，就是六三爻。第四次的数字是八，就是六四爻。第五次的数字是九，就是九五爻。最后一次的数字是八，就是上六爻。那么大家看一看，整个的卦象就出来了，刚好就是一个节卦（图134-1）。

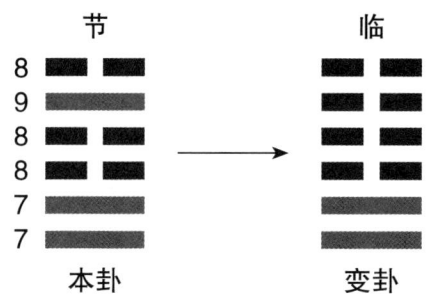

图134-1

我们讲忠孝节义，而关公就是节的代表，他是气节薄云天，那么就卜到这个卦。这个卦里面数字有七有八有九，而七八是不变的，因为七是少阳，八是少阴，都不会变。只有一个九是老阳，会变，阳就会变阴。原来的这个卦叫本卦，而九五爻阳变阴以后，就变成另外一个卦了。所以卜出来的结果，本卦是节卦，变卦是临卦（图134-1）。

卦卜出来了，就要断卦了。当时的情况当然急得很，那到底会怎么样呢？虞翻说，不出两天关羽就断头了。他怎么敢这样子铁口直断呢？就是因为他了解当时的状况，如果他不了解当时的状况，铁口直断那不是太危险了吗？那么看这个卦的变化，九五是代表谁呢？代表关羽。当时在荆州关羽就是主事的人，没有再比他大的了，他就是九五之尊，所以这件事情当然要发生在关羽身上。而关羽是一个最重忠孝节义的人，既然节卦变成

临卦了，看初九和九二两个爻，就是两天之内，他的头就断了。结果就变成了事实，因为虞翻很了解当时的状况。

如果不了解这些现实状况，就凭一个卦象怎么断卦呢？一般来讲就是凭两样东西：一个是根据变爻。比如这个节卦就有一个变爻，就是九五爻变了，其他各爻都没有变，那就表示所有的变化，都集中在这个爻上。

另外还有一个线索，就是《系辞上传》第九章讲的：**天数二十有五，地数三十。凡天地之数，五十有五。**天数就是奇数，一三五七九一共五个，五个数加起来是二十五。地数就是偶数，二四六八十，五个数加起来是三十。三十加二十五等于五十五。《易经》第五十五卦是什么卦呢？就是丰卦，所有的资源都集中在天地之间。**此所以成变化而行鬼神也。**《易经》通过数字的变化，通过数字的象征，构成一个非常灵活的变化体系，可以贯通天、地、人、鬼、神。

我们从节卦所卜出来的数，可以来算算看，七加七，加八，加八，加九，加八，和为四十七。天地之数五十五，用五十五减掉四十七是八。那么哪个爻是八呢？由下往上数，初九是一，九二是二，六三是三，六四是四，九五是五，上六是六，然后再把上六重复一下，上六是七，九五正好是八。可见九五还是变爻，又是那个最关键的爻，这样判断就更笃定了。

那么九五爻的爻辞是什么内容呢？**甘节，吉，往有尚。**说明关羽没有怨恨，而是心甘情愿的：死就死了，我尽力了，问心无愧。虽然看起来很凄惨，事实上属于好死，他死得心安理得！像这样的卜卦，是非常富有戏剧性的。当然，一定要配合实际的情况来做判断。

所以我们建议大家，把卦卜出来以后，要跟现实状况去对应。如果差得太远，就要有怀疑态度：是卜卦的过程有问题，还是预示未来的变化？凡是现在一点痕迹都没有的预兆，那就要小心了，很可能未来要走上这条路，所以要提高警觉，防患于未然。如果这些事情都已经过去了，两年前就是这样了，那么现在为什么还没有变化呢？那就要从变卦去看一看。比如上面卜关羽的那一卦，如果节卦已经成为过去时，那就看它的变卦临卦。看临卦的六五爻，因为临卦的六五爻是从节卦的九五爻变过来的。如

第一百三十四集　自占自解

果看了临卦六五爻的爻辞，就知道了在提醒什么，这样推断起来就八九不离十了。

我们可以经常练习卜卦、断卦，把每一次的情况都记载下来，事后再进行对证，然后总结经验教训。这样慢慢就会找到一条路径，自己非常熟悉、非常管用的路径。为什么老是说为自己，而不是为别人呢？这是不是很自私啊？其实一点也不自私。比如，孔子就告诉我们："古之学者为己，今之学者为人。"我们做学问，是要提升自己，卜卦是告诉自己怎么样思虑才会周全，而不是胡言乱行去害人。我们为人做事都要谦虚谨慎，而不是目空一切：就自己行，别人都不行。只要我们说自己行，老天就会觉得好笑，没准什么时间就会让我们出丑，叫我们很难堪。这就是《易经》第十五卦谦卦没有学好。

所以我们建议大家，好好学习占卜，很诚心地去占，很仔细地去解。解完后还要参考现实情况，跟大家研究研究、讨论讨论，然后形成一个比较可靠的判断，这样才比较妥当。

易经的智慧·第一百三十五集

调节得宜

很多人都崇尚自由，希望自己不受束缚，渴望天马行空、自由自在的生活方式和工作状态。但是，节卦却提醒我们：必须节制自己，才能获得更好的发展。那么，在物资如此充沛的时代，我们究竟需要节制什么？又该如何节制呢？

第一百三十五集　调节得宜

节卦的意思是说，任何事情都必须要有合理的节制，否则就会产生很多不好的后遗症。我们先看节卦的卦象（图135-1），三个阳爻，三个阴爻。初九、九二是我们脚上的两个重要的关节，初九是踝关节，九二是膝关节。这两个关节如果不硬，整个身体难以直立起来，人就会瘫痪掉。所以这两个一定是阳爻。但是两个阳爻合在一起的刚性太大了，因此赶快用两个阴爻来节制它，即六三、六四。练武术的人常常讲"要松胯"，六三就是胯关节。六四是腰关节，腰一定要柔软。如果腰硬邦邦的，有时候人家就会觉得这个人一点礼貌都没有。两个阴爻合在一起阴气过盛，所以赶快用一个阳爻来节制它，即九五。九五就是脊椎，脊椎要硬。有人要打我们的时候，我们不会拿肚子去让他打，而是转过身来，用背抵挡，背脊是阳的。而上六正好是我们的脖子，脖子一定要软，否则就是跟自己过不去。我们常常讲，你脖子那么硬干什么，软一点不就好了吗？所以，一个人，该软的时候要软，该硬的时候要硬。

图135-1

杂卦传说：*节，止也*。"节"，就是有限度。做任何事情不可以没有限度。"止"，就是节制，就是整齐化、统一步调。但是，"节"的意思不完全是止，它比止还要更宽广一点，这也是为什么不用"止"，而用"节"来命名这个卦的原因。

节卦卦辞（图135-2）说：节，亨。苦节不可贞。

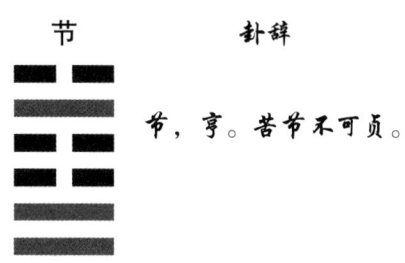

图135-2

节卦刚开始就告诉我们亨通，因为如果事物调节得好，就不会偏枯，当然是亨通。但是这里面还有个条件，即"苦节不可贞"。"苦节"，过分节制，不近情理，使大家苦不堪言。怎么办呢？"不可贞"，就是不可以把它当作正常的现象。偶尔情况特殊，实在没有办法，大家辛苦一下还是可以忍耐的。但是长久像苦行僧一样，就过分了。现在苦行僧慢慢不受欢迎，就是因为苦节是不可贞的，过分刻苦，过分耐劳，过分不近情理的节制，不应该把它当作是常规的。可见，节制本身也是有限度的，不可以漫无边际。

举个例子。一年当中，我们过节的数量是有限的，如果天天过节，那还得了？当然我们嘴巴上都会讲，天天过节，好像很愉快。其实，天天过节比没有节还惨。因为大家根本没有时间做正事，根本供应不了天天过节的需求，所以嘴巴虽然说天天过节多好，实际上那是不正常的事情。如果每一次节，都要送很多礼，准备了很多还不够，到处去借还得还，那就是"苦节不可贞"。再说，做人那么辛苦干吗呢？

节卦提醒我们要学会节制。适当的节制，被称为"甘节"，能取得好

第一百三十五集　调节得宜

的效果；而过分的节制，被称为"苦节"，效果则不尽如人意。那么，怎样才是适度、合理的节制？而节卦又给我们提供了哪些实现"甘节"的方法呢？

节卦彖辞说：节，亨，刚柔分而刚得中。苦节不可贞，其道穷也。说以行险，当位以节，中正以通。天地节而四时成，节以制度，不伤财，不害民。

我们可以看到，节卦（图135-3）上卦是坎卦，就是险；下卦是兑卦，就是悦。下面的人心里很欣悦，因为他们知道这种节制对他们是好的，不是剥削，不是压迫，更不是想压榨他们来丰厚自己。因此，虽然有一点点险阻，他们还是很乐意配合。

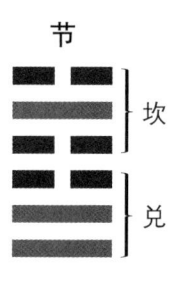

图135-3

老实讲，没有一种节制是没有险阻的。一个人，轻松日子过久了，要他收敛一点，他就感觉到很不舒服。好像小孩子，放了暑假，到处去玩，非常高兴，听说暑假结束要上学了，就不开心，找各种理由不去上学。这就是从涣卦进入节卦的表现。因此，做父母的在小孩放长假的最后一两天，就要帮助他收心，告诉他放长假是特殊状况，一年到头都这样是不行的。慢慢地，小孩就会有这样的心理准备。

由此我们想到，政府要做任何事情的时候，也要让老百姓心里头有个准备。这样，他们才会以欣悦的心情，来接受政府某种政策的改变，或者政令的调整。

"当位以节,中正以通",上六当位,九五当位,意思是说君王跟自己的近臣,本身要先节制好,还要站在老百姓的立场想一想,自己这样的节制、这样的调整,会不会让他们心里感觉到很难受,能不能很乐意地接受,这些都要事先好好考虑。

"天地节而四时成",我们放眼看大自然,天地是有节奏感的,春夏秋冬,二十四节气,依次循环,清清楚楚,老百姓才知道怎么配合,什么时候播种,什么时候收割。否则,一会儿这样,一会儿那样,他们根本无所适从。

"节以制度",以典章制度来节制。它有两个原则:不伤财,不害民。一伤财害民,大家就不愉快,不会接受这个法令,不会"说以行险"。所以,好制度就是不害民,不伤财。我们常常讲"你这样做,劳民伤财",其实就是从这里来的。

一个国家不可以没有制度,否则各想各的,各说各话,那就叫作涣散。一涣散,别的国家有机可乘,就会来找麻烦,威胁你,恐吓你,甚至占领你的领土。所以国家一定要团结,要团结就必须有制度。但是,制度的好坏关系非常重大,一定要当行即行,当止即止,各有其度。

节卦大象传说:*泽上有水,节。君子以制数度,议德行*。节卦下卦为兑为泽,上卦为坎为水,所以叫水泽节。只有泽上面有水,我们才能够谈到节约,若是根本没有水,还节约什么呢?这告诉我们,要趁现在有水的时候,想办法节约,而不是等到水被用光了,再呼天抢地,叫苦连天,那就为时晚矣。

泽一方面可以储水,另一方面也可以用来节制水。每个水坝的旁边往往都有一个刻度表,告诉我们水位是多少。当达到某一个程度的时候,就要开始泄洪,否则压力太大,水满必溢,就有可能毁掉整个水坝。现在,水的刻度告诉我们,水位已经很浅很浅了,那么大家就要节约用水,每家都少用一点,否则今年夏天都没有水用,这比什么都痛苦。

自然的任何事情,都有合理的节制,人当然不应该例外。因此,大象传接着说:君子以制数度,议德行。"制数度",就是量化的意思。任何

第一百三十五集　调节得宜

事情，要用数字把它表示出来，制定等级，最高限度和最低限度分别在哪里，都要标识清楚。用今天的话来说，叫作警戒线。

虽然我们利用"量化"的方法，对自然事物进行合理节制，并取得了很好的效果，但是节卦提醒我们，如果也照搬量化的方法，去节制人类自身，却并不是最理想的。那么，什么才是人类自我节制和节制他人的最理想的方法？我们又该从何做起呢？

《易经》提醒我们，完全量化、没有弹性就叫作"苦节不可贞"，因为并不是所有东西都可以用数字来解释。所以，要"议德行"，就是看一看这个人的品德修养怎么样。一个人，名校毕业，学有专精，修过什么样的课程，得过什么样的高分，这都是"制数度"，可这些不见得就能证明这个人一定好用。因为他的德行，还没有经过评议，而德行是不能量化的。

我们说这个人的操行如何，那都是很马虎、很有弹性，不能用来作为衡量标准的。现代人很不好的一点在于，"制数度，议德行"六个字，只重视"制数度"，而没有看到"议德行"也是同样重要的。

领导要用一个人，当然要看他的能力。但能力可以完全量化吗？好像不行，勉强可以，还能说得过去。可是品德这方面，就要找几个人来评议评议，把大家的看法汇总起来，才能大致上得出一个等级来。不能你自己认为这样就是这样，否则就是偏见，导致整个评估标准不协调。

其实，我们现在常常讲的法制，就是只看到了制数度。我们只知道有没有违规，有没有超标，有没有违法，但还有一部分是被大家忽视的，就是礼节。"用礼来节"，老百姓才会节俭，也才合乎节卦的要求。如果每个人只是说我不违法就好了，那整个民族是没有希望的。想想看，只要不违法，什么都敢做，岂非天下大乱？当然，良心是无法量化的，但是大家摸摸自己良心就知道，做这件事情虽然不违法，但是心里很不安，自然会约束自己，这叫作羞耻之心。

人活着要讲气节，气节是一个人的尊严。我们还要争一口气，就是不

让自己的父母被人家笑话，不让自己的子女学了坏榜样。而这些都跟那个"制数度"没有关系，相反的都是"议德行"。所以，"制数度，议德行"这六个字，对现代人来讲，是至关重要的。

节卦的核心就是节制。天地有节才能常新，国家有节才能安稳，个人有节才能完美。节卦要求我们以"礼"修身，那么，国家又该如何"节制"，才能安稳昌盛呢？

国家的制度有两面性，一方面要防止老百姓为非作歹，另一方面要防止官吏贪污腐败，这两面都要照顾到。老百姓听话，官吏腐败，那不糟糕了吗？官吏非常正，老百姓越来越刁难，动不动就率众抗议政府的法令，那也很糟糕。在这种情况之下，怎么办？

当然，我们历代都知道，职位非常重要，九五是关键。

九五有两种，一种叫作明君，一种叫作暴君。明君要体察民情，一定要控制住局面，否则整个涣散掉了，国家就没了。明君的责任就是要节制，但还要得人心。得人心不是讨好老百姓，因为老百姓各有各的利害关系，各有各的水平，没有办法都照顾到。可是，最起码要不伤财、不害民。就算有些事情被别人说成专制，也要做，因为现在不做，十年二十年之后，想做都来不及了，这样才是明君。另一种是暴君，暴君就是不管老百姓怎么想，他爱怎么做就怎么做，那就糟糕了。所以，孟子才说，碰到这样的暴君，就算把他当作仇敌一样看待都不过分。

对一个国家来讲，最好的政治就是政通人和。政府有很好的政策，而大家都能够在这个政策下和谐相处，这就必须要节。政府要节制，老百姓要节制，我家要节制，你家也要节制，每一个人都要合理节制。现在往往不是，有些人赚到了点钱，就到处炫耀，这就是不知节。

节是非常重要的一种修养，在忠孝节义四种美德中，节占四分之一。节制是什么？就是规定我们不可以这样，不可以那样。换句话说，自由是要受到限制的，没有人有漫无节制的自由，因为天地之间不是只有你一

第一百三十五集 调节得宜

个人。

今天的人很奇怪,老是喜欢想那些很空幻的东西,自由、平等、人权、尊严、荣誉,我们都在追求这些东西,却忘记了应该先好好节制自己。可见,节卦是非常重要的。如果要你替自己的人生打分,六十分算及格的话,那六十分就是节卦。所以,节制不了自己,整个人生就会大打折扣。

无论自然、国家还是人类,要想做到"调节得宜",最重要的因素还是人类自身。那么,节卦对我们实现合理节制,还有哪些警示呢?

人要生存,生存就要有最低限度,不能连基本的费用都满足不了。现在的小孩子,若是父母什么都不给他,他就会到外面去装可怜,向人家要,或者偷。这就说明父母没有尽到责任。可是有一点,如果你是领导,你比部属更刻苦,这是可以的。"苦节不可贞",本身是有限制的,对自己要求多一点,对别人要求少一点,还是能够亨通。但是反过来,自己放松,却要求别人节俭,那就真的是"苦节不可贞"了。任何一句话,都要这样颠来倒去体会一下,才能够得其全意,否则,就仅仅停留在书面的解释上了。

> 任何一句话,都要颠来倒去体会一下,才能够得其全意,否则,就仅仅停留在书面的解释上了。
> ——《易经》的智慧

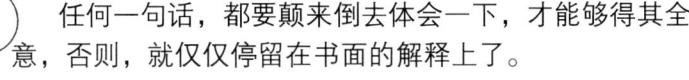

我们看大自然,该冷的时候就冷,该刮风就刮风,该下雨就下雨,不管人准备好了没有。所以老子告诉我们:天地不仁,以万物为刍狗。老天不是你家的亲戚,它干吗来照顾你呢?但是老天是很公正的,它只问应该不应该,从不问人的感受怎么样。可是人就不一样了,你要做人群的领导,就要体察民情,了解现状。因此,虽然我们跟大自然是一体的,但既

然是人,有人类的文明,就应该记住,在"制数度"之外,一定要加上"议德行"。

对父母而言,"议德行"就是从小要告诉小孩,做人穷富都无所谓,什么日子都能过,才有弹性,才不会受到限制。如果只能过好日子,将来一旦遇到变故,怎么办?如果一定要过那个苦日子,好日子一点不想要,那又是何必!

人最要紧的就是修养自己的品行,得到大家的欢迎。要教小孩跟别人好好相处,一切看着办,这就是节。逢年过节,不只是教他嘻嘻哈哈,吃吃月饼、粽子就过去了,那完全没有意义。而是要告诉他,为什么吃粽子,吃了月饼应该懂得哪些道理,这样过节才有意思。否则的话,吃喝玩乐就把节卦整个毁掉了,就又恢复涣散的状况了。

现在几乎每个家庭都是涣散的,这似乎变成很正常的现象,一会儿跑这里,一会儿跑那里,不知道哪里是家,这就是涣卦。涣就要开始节,节就是要收敛,不能过分。节制得合理,就可长可久;节制得不合理,过一阵子就会反抗。其实,整个政治,就是如何在节跟涣之间取得一个平衡点。这样我们才恍然大悟,以前为什么有节度使,那就是节卦的道理。

调节得宜的目的就是达到政通民和,所以接下来,我们要从六个爻的变化来看看怎么样才能够:政通民和。

易经的智慧・第一百三十六集　政通民和

俗话说：不以规矩，无以成方圆。因此，无论是为政治国，还是管理公司，同样都需要利用法律和规章来节制百姓、调控员工。但是，过度的节制所造成的历史上苛政、暴政的例子早已众所周知，那么，究竟怎样的节制，才能既被百姓乐于接受，又能最终实现政通民和？对此节卦的六个爻，又会给出怎样的解答呢？

第一百三十六集　政通民和

政府的建立，就是要使人民能够过安定和谐的生活。老百姓基本上是一盘散沙，如果放任他们，那绝对不是好的政策。因此，政府的任务就是要为人民服务，这没有错。可是达到什么样的一个状况，才是我们所关注的，用四个字来形容，就是政通民和。政府的政令能够通行无阻，让老百姓很愿意接受、实践，并使人与人之间能够和谐相处，这是最了不起的。节卦的六个爻就在讲这些事情。

我们先从初九爻看起，其爻辞（图136-1）只有一句话：**不出户庭，无咎**。

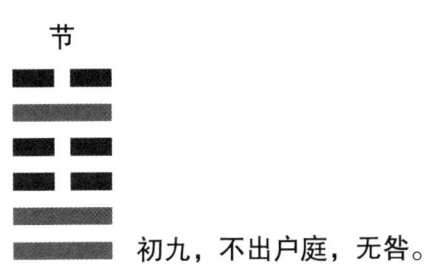

图136-1

如果是初六，爻辞就不会这么写，因为初六就是阴居阳位，它自己会守分，不会乱开口。现在不是，初九阳居阳位，这本来就是它的位置，而初九本身就是阳刚、积极、好表现的，所以很容易乱开口讲话。

小孩子最怕的就是自己不懂，又喜欢乱讲话，我们常常讲"童言无忌"，这是安慰的话。其实，童言一定有忌。一个人当官当得好好的，突然间出了问题，就是因为孩子在外面胡作乱为，太太在外面乱讲话。

一个政客，他所面临的是一个很复杂的社会，想把它约束起来，就要订立制度、发号施令，但是千万记住，初九处于这些事情刚开始的那一段时间，这时候绝对要保密，绝对不可以上当。现在很多人倡导政策要透明化，想想看，政府还没做，大家都知道了，这行得通吗？比如政府要把一块土地收回来建公共设施，或者有其他更有效的用处，他敢说吗？如果说了，本来这地方只有几棵树，说不定连夜就种得密密麻麻；本来是破破烂烂的房子，也盖楼了，还有围墙。这都是自己造成的。

所以，这里"不出户庭"，就是严守机密，不能走漏风声。我们就应该这样，对内部走漏消息的人，给予严厉的处罚。尤其是股票，如果有内线交易的话，整个市场就完了。现在有很多人，说话很随便，既不负责任，又不懂道理，处处要求一定要透明化，这是很糟糕的。

《易经》告诉我们，在发号施令、要做任何节制之前，一定要记住还没有动静的时候，严守秘密，对任何人都不能说，这样才会无咎。否则，就是打草惊蛇，本来没有事情，也被搞得乱七八糟；本来要收获人心，结果搞得人心更乱。所以，我们要做相关的事情，千万不能打草惊蛇，否则就是前功尽弃。

> 在发号施令、要做任何节制之前，一定要记住还没有动静的时候，严守秘密，对任何人都不能说。
> ——《易经》的智慧

虽然在颁布政令或者开始节制之初，一定要严守机密，千万不能走漏风声，才不至于前功尽弃。但是，节卦始终都在提醒我们，节制要适度，否则就会陷入九二爻那种被动的局面。那么，九二爻究竟发生了怎样的状况？它又给人们提出了哪些警示呢？

九二就不一样了，其爻辞（图136-2）是：**不出门庭，凶。**

第一百三十六集 政通民和

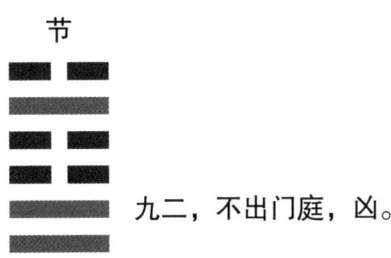

图136-2

初九是"不出户庭，无咎"，九二是"不出门庭，凶"。"门庭"跟"户庭"有什么不同呢？"户庭"，指的是家里的庭院。"门庭"，是家的大门。爻辞意思是说九二这个时候，如果不走出家门的话，是凶的。因为到了九二的位置，保密的时间已经过了，要公布实施，向老百姓广泛宣传，才是正道。

小象说得很清楚：不出门庭，失时极也。"时极"，就是适宜的意思。九二阳居阴位，本身不当位，所以很有可能是不合时宜的，那就要想办法调整过来。时间一到，大家都通过了，就要公布命令，并且广为宣导。

"不教而杀谓之虐"，政府有这样的法令，不让百姓知道，却根据这个法令来处罚百姓，他们怎么会服气呢？中国人最厉害，你要罚他的时候，他问你：你为什么罚我？你回答：规定就是这样的。他会说：规定？那我怎么不知道？可见，"我不知道"，这是最好的借口，知道就不会这样违犯了。此类事情我们见过的太多了，怪谁呢？只能怪有关部门没有广泛宣传。很多时候，政府颁布一项政策的时候，会有一个宣传期，之后违犯规定就要处罚，道理也是这样的。

老实讲，关于九二爻，全世界做得最好的就是新加坡。新加坡很简单，只要政府有一个新的命令，每个部门都得通通宣传。不是说这是交通的事情，跟经济、跟教育没有关系。只要是政府的命令，每一个单位都有关系，他们是做到了这一点。

接着看六三，六三的位置就危险了，因为它的上面是坎卦。我们先看

六三的爻辞（图136-3）：**不节若，则嗟若，无咎**。

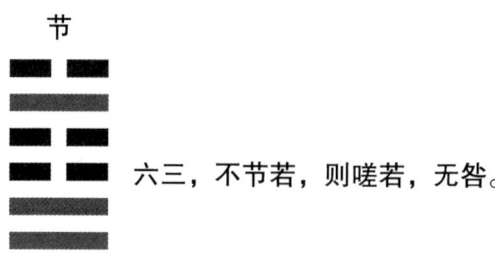

图136-3

"嗟"，嗟叹、叹气。下卦的六三最靠近上面，对上面的命令最清楚。但是，六三觉得自己跟六四同道，又能乘在初九和九二之上，所以便不加节制，任意而为。结果，受到了处罚，在那里叹气。这个时候，能够知错悔改过来，就无咎了。

当然，无咎在这里不一定解释为没有后遗症。也可以这样说，虽然六三在叹气，在怨别人，但却是无可归咎的，因为这是六三自作自受。所以，"无咎"的意思是有弹性的，要视场合而定。

小象说：**不节之嗟，又谁咎也**。自己放纵自己，不加节制，最后受罚了，才在那里叹气，这能怪谁呢？"又谁咎也"，就是自己自作自受，是怪不得别人的。

节卦是要求人们节制的卦象，只有合理的节制，才能带来好的结果。像六三爻这种不知节制的人，最后也只能自作自受；而像九二爻这样过分节制，不仅会丧失时机，还有可能会面临凶险的局面。那么，怎样节制才是节卦所推崇的合理节制？而合理的节制究竟会产生哪些好的结果呢？

六四爻辞（图136-4）说：**安节，亨**。

第一百三十六集　政通民和

图136-4

"安节"，表示人民很安然地接受新的政策来节制自己，并觉得很合理，乐意去配合。这样社会才会有秩序，才会进步，大家也才能生活得更好，当然亨通。

六四是当位的，它的上面是九五，即以柔承刚，所以六四得以发挥自己柔顺的个性。老实讲，政府的命令如果是合理的，老百姓自然会安然接受，否则就是刁民，就是扰乱社会的不良分子，政府对这类人也就不必客气了。

小象说：*安节之亨，承上道也*。六四安然而亨通，就是因为它很愿意接受上面九五对自己的节制。这告诉我们，越是主持命令的人、越是执行政令的人，越要以身作则。六四对九五来讲是最接近的人，所以六四先安然接受，九五就会甘节。

九五的爻辞（图136-5）也很简单：*甘节，吉，往有尚*。

图136-5

"甘节"是什么意思呢？九五阳爻居阳位，又在上卦的中爻，本身很正，所以老百姓心甘情愿听从九五的命令来节制自己，因为他们认为九五的要求很合理。

"往有尚"："往"，行动的意思；"有尚"，值得大家崇尚。政府推行一个好的政令，老百姓全力拥护，全力配合，认为这个政令太好了，争相崇尚。老实讲，像这种"甘节"的政治，连后代的人都舍不得放弃，都要仿效。当年某一个朝代有什么样好的政令，获得大家的拥护，现在稍微调整一样，也照着来做，这种事情也是屡见不鲜的。

小象说：甘节之吉，居位中也。"居位中"，用现在的话来讲就是掌握到了合理点，无过无不及，刚但不失中，施政没有一样不合理，这是非常了不起的。因此，不但政府很喜乐，全民都觉得受到政府的德政，甘之如饴。

我们现代人动不动就做些诸如"满足感""幸福度"的调查，这不是自找烦恼吗？有人说外国人就是这样做的，他们怎么样是他们的事情，我们总不能人家做什么自己就跟着做吧？这是很无聊的事情。

举个例子。同样是选举，对外国人来说，你可以在投票所的外面问他投给谁，他也会告诉你会投票给谁。这叫民意调查。我们中国人做得到吗？你去问投票的人投给了谁，他会讲真话吗？很多事情是不能只看表面的。

我们真的应该好好学习《易经》，因为它包含了人生所有的智慧。你参加投票，别人问你投给了谁，你回答：糟糕，你这一问，我好像投错了。这样打马虎眼过去了，就没有后遗症。如果告诉了别人你投给了谁，说不定没走几步就被抓去审问为什么投给他了。这不是自找麻烦吗？所以，民情国情不一样，不能说人家这样做，我们就盲目地跟着人家学，这是我们当前需要调整的一个关键。

政府行德政，百姓配合，执行者又能以身作则，虽然是被节制，但百姓还是甘之如饴地配合政府，通过各种法律和规章，调控自己的行为，从

第一百三十六集 政通民和

而实现了"甘节"。那么，此时节卦的上六爻还能发挥什么功用？为什么又缺它不可呢？

上六爻辞（图136-6）说：**苦节，贞凶，悔亡。**

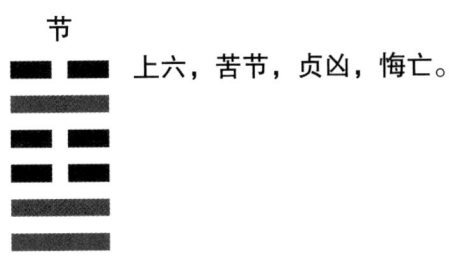

图136-6

"苦节"，上六处于节卦的极位极端，告诉我们节制得太过分，当然是"苦节"了。"贞凶"，越坚持，越糟糕，越实践，越倒霉，这叫贞凶。"悔亡"，如果把苦节放在自己身上，就没有什么好后悔的。上六自己过那种比较轻松的日子，反而苛刻地压制别人，这样是不会长久的。

小象讲得很清楚：**苦节，贞凶，其道穷也。**这样做的后果，就是根本行不通。命令的作用是空的，制度也实现不了，虽然有政府就好像没有政府一样，真可谓是身道穷了，志道穷了，节道也穷了，这是非常不幸的一个结局。

上六是全卦的总结，其用意在于告诉我们：节制太宽，就会坏纲乱纪，节制太严，就会同归于尽，这都不是办法。所以要常常修正法令，调整策略。比如高速公路一定要限速，尤其是弯道、岔路口尤为重要，否则出车祸的概率是很高的。限速的牌子要很明确，我们一定要遵照，违反了一定要处罚，这样才能保证大家的安全。但是，在不同的地段，限速要有不同的标准，大家觉得很合理，这就叫甘节。如果不管什么状况，都限行三十公里，那就叫苦节，绝对行不通。所以，任何事情都必须要有适当的、合理的节制，这个度要把握好。掌握到那个合理点，大家就拥护；没

有掌握到那个合理点，大家就会有意无意地违反。道理就是这样的。

> 节制太宽，就会坏纲乱纪；节制太严，就会同归于尽。
> ——《易经》的智慧

节卦的核心就是节制，合理的节制不仅能够为政治国，还可以修身齐家。那么，节卦在个人的自我节制方面，对我们还有哪些启示呢？

我们都知道人有好色的本性，所以我们就制定了"大婚之定"，结婚要很隆重，要有介绍人，要有见证，要有一系列的程序。其实，结婚真正的用意就是一种节制，告诉大家他们两个人成婚了，已经是有妇之夫、有夫之妇，不仅他们自己要节制，其他的人也要节制，不能看到新娘很漂亮就动歪脑筋。否则，造成不好的后果，只能自作自受。

举个例子。林冲在当时是多么正派的人，最后会被逼上梁山，就是因为他的太太被高俅的儿子看上了。而且这个高衙内不知节制，后面搞得一塌糊涂。所以，每一个人都要自己做好合理节制，然后要求别人做好合理限制，彼此相安无事，和谐相处，这样才能实现政通民和。

我们人对于饮食都有一种爱好，所以就有"大宴之节"。请客有请客的餐点，出去旅行有旅行的餐盒，各取所需，这样才合理。如果每餐都是山珍海味，对身体是没有好处的。如果一年到头不吃肉，尤其是女孩子为了减肥常年吃素，也不见得多好。像这些都跟节卦有关。

我们人都有"喜乐之性"，所以要有正当的娱乐。可是现在很多娱乐活动真是匪夷所思。比如一个好好的人，爬得很高，然后用一条绳子把自己拴牢了以后，从上面跳下来，说是寻求刺激。万一绳子断了怎么办？追求感官的刺激，包括身体的欲望，不能不知节制。

所以，老子才会讲：吾所以有大患者，为吾有身。人之所以有大患，就是因为这个身体给自己带来太多麻烦，它一会儿要这样，一会儿要那

第一百三十六集　政通民和

样，让我们疲于奔命。可是，没有身体就动弹不得，就无法存活。所以我们对身体要适当节制，对自己的精力要适当节制，对于财力要适当节制。"节俭"二字就是提醒我们要随时存一点钱，以备不时之需。若哪一天青黄不接的时候，幸好手头还有这么一点。现在不是，很多人寅吃卯粮，工资还没有发，先花光光，然后再到处去借，这种恶性循环的日子，很多人都在过。

读了《易经》，我们就应该学着自己去调整，一方面要节制别人，但是在节制别人之前，先节制自己。节制不等于过分，没必要故意要求自己省吃俭用，过艰难的日子，但也不能有多少钱就花多少钱，能做什么就做什么。人的时间、精力和财力都是有限的，包括我们的身体、寿命也是有限的。既然一切的一切都是有限的，那我们就要好好珍惜、好好节约，用在最合适、最有价值的地方，这就叫作节卦。

当省不用，当用不省，这才是合理的节。其实，一张纸我们都要好好节约，现在很多人，只要是公家的东西，便任意挥霍。我经常看到很多人拿公家的纸，一拿一大堆，我觉得这种人是在跟自己开玩笑。他们也许想着拿回家自己用，可是真的会好好用吗？未必，最后都浪费掉了。好几张纸擦一只手，这只手真是珍贵得不得了。如果心里从来没有想过这样做对不对，那便是已经没有羞耻心了。当一个人良心死掉的时候，还跟他讲什么节卦呢？

　当省不用，当用不省，这才是合理的节。
　　　　　　　　　　　　　　　——《易经》的智慧

我们去吃饭，适当点菜，不奢侈、不浪费、不铺张，如果点多了吃不完，打包回家，这是美德，一点不丢脸。我曾经问过服务员："像我们这样，点得不多，吃不完还带走，你觉得怎么样？"服务员说："这样最好，我们也省事，处理那些东西也够烦的了。"所以，大家合理节制，人

人都快乐。

　　当然，要节制并非那么简单，政府的命令，要使得大家都能够甘之如饴，谈何容易？况且老百姓根本不懂政府的政令是好还是坏，他们无从评量，因此很容易产生怀疑。这样本来是美意的，大家也反应激烈，讲出很多不好听的话来。所以，政府要节制，就要有诚信，让老百姓信任。而且不能这次诚信，下次不诚信，对这些人诚信，对那些人不诚信，这都不可以。政府一定要广施诚信，所以下一个卦也非常重要，叫作中孚卦。接下来，我们就来讲怎样才能够：广施诚信。

易经的智慧·第一百三十七集　广施诚信

"诚者，天之道也；诚之者，人之道也。"诚信是宇宙的基本原则，践行诚信，则是人类立身处世的根本。对于齐家、交友、营商以至为政来说，诚信都是一种不可缺少的美德。然而现今社会，失信的现象却十分严重，已经影响到了经济发展，扰乱了生活秩序。人们为什么都不愿意践行诚信了呢？坚守诚信到底有多困难？对此，《易经》中专门解析诚信的中孚卦，又是怎么看的呢？

第一百三十七集　广施诚信

序卦传说：*节而信之，故受之以中孚*。你要节制，必须能够让人家对你信任，人家才愿意心甘情愿地接受你的节制。倒过来说，你自己知所节制，就能够对人诚信，这是一体两面的。所以节卦之后，《易经》就安排了一个非常重要的卦，叫作中孚卦。"中孚"，意思是说不管立身还是处事，都应该心怀诚信、广施以仁，不可以居心不诚、弄虚作假。当然这些话，现代人几乎人人知道，但却不容易实践。我们把这个卦搞清楚以后，自然会自己去调整。

> 不管立身还是处事，都应该心怀诚信、广施以仁，不可以居心不诚、弄虚作假。
> ——《易经》的智慧

杂卦传说：*中孚，信也*。有些研究《易经》的人说，在《易经》里面，凡是出现"孚"字的，其实都是俘虏的意思，当时国与国之间难免会打仗，就把人家俘虏过来，猛听起来好像不太像，可是大家有没有发现俘虏的"俘"跟中孚的"孚"，就差一个"人"字旁而已？这告诉我们，一个人是不是真的诚信，平常说说很容易，却真的不容易看出来。而一旦被俘虏的时候，就能真正看出这个人是不是诚信的。平常讲得很好听，一旦被俘虏了，所讲的话完全相反，这样的事例历史上屡见不鲜。所以，对错并不是说说那么容易。一个诚信的人，跟谦虚的谦卦是要连在一起的。只有谦虚地去了解种种状况，才有办法做到真正的诚信。

人们常常用"言必信,行必果""一言九鼎"等词,来形容诚信的人,也会认为待人真诚、处事老实的人,就是讲诚信的人。然而,被看作是"立身处世之根本"的诚信,真的这么容易做到吗?什么才是真正的诚信呢?

我们先来看中孚卦的卦辞(图137-1):中孚,豚鱼吉,利涉大川,利贞。

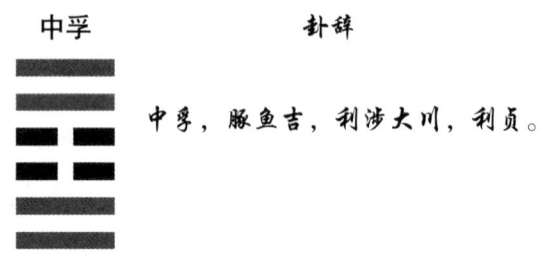

图137-1

"中孚":"中",可以解释为合理,"孚"就是诚信。这告诉我们,诚信并不是我们平常所想象的诚诚恳恳做人、实实在在做事就可以的。做人讲信用,做事踏实绝对没有错,可是长期以来,正是这些绝对化的观念害人不浅。所以,合理的诚信,才叫作中孚。

"豚鱼吉":"豚",小猪;"鱼",小鱼。小猪小鱼都是动来动去,很难驯服的。大家有没有发现,越小的东西动得越厉害,看看我们自己就好了。小孩子坐不住,动来动去,大人不会,开会坐一两个小时都不动,小孩子绝对做不到。所以凡是动个不停的,就是控制不了自己,节制做得不好。可是为什么会"吉"呢?意思是说如果合理地诚信,就会使得那种完全没有感应、顽固不灵的人,都能够有所感应。因此就可以化解大难,所以叫作"利涉大川"。

相信大家都有这样的体验,对于反应灵敏的人,我们对他诚信,他马上就能感觉得到;而对某些反应不太灵敏的人,好像我们对他很好,他也没感应。这个时候就要想想看,豚鱼比我们所认为的这种没有感应的人

第一百三十七集　广施诚信

要顽固得多，那是不是表示我们自己的这个感应力，还是有点欠缺呢？因此，卦辞讲得很清楚，"利贞"，就是说有利于坚守正道。不能因为我对他那么好，他居然这样对我，我就不再对他好了。想想孔子是怎么做的，任何人问问题，他都不厌其烦地给予解答，而且还根据这个人的理解层次给予不同的答案，这就叫作中孚。

真正的诚信，贵在合乎正理、坚守正道，是一种能够感化其他人的正能量，那么获得这种正能量的关键因素是什么？在《易经》中，像中孚卦这种阳包阴的卦象，大多都强调理智的重要性，人们又该如何善用理智，做到真正的诚信呢？

中孚卦象辞说：**中孚，柔在内而刚得中。说而巽，孚乃化邦也。豚鱼吉，信及豚鱼也。利涉大川，乘木舟虚也。中孚以利贞，乃应乎天也。**

大家可以看到，这个卦好像只有一半就够了，另外一半正好是它的反射，这表示如实地反映出来，一点没有作假，一点没有改变，这样才叫中孚。"柔在内而刚得中"："柔"，指的是六三、六四这两个阴爻，他们在整个卦的里面；"刚"，指的是九五、九二，因为上下两个卦的中爻都是阳刚的。所以，整个中孚就是阳包阴的卦，这告诉我们，内心要很柔，但是外表要刚，不能跟内心一样柔弱，让人家感觉到摇摆不定。刚跟柔要得到合理的配合，而不是认为自己是好人，别人讲什么都听、都信，那就不是中孚了。

"说而巽"，"说"，通"悦"。中孚卦（图137-2）下卦为兑，就是悦；上卦为巽为风，表示顺。要很喜悦地来顺从，才表示这个中孚的力道，是够强大的。"孚乃化邦也"："孚"，诚信；"化邦"，整个邦国都被感化。一个人内柔外刚，使得大家很喜悦。喜悦不是嘻嘻哈哈，一个团体只要嘻嘻哈哈，永远没有前途。所以很多老板跟我讲，跟自己的干部处得很好的时候，我就觉得好笑。整天吃喝玩乐很喜悦，每个月加薪是最喜悦的，可是他们的内心是否真的顺着你呢？这样的领导是有问题的。

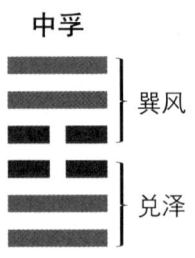

图137-2

"豚鱼吉",就告诉我们诚信要"信及豚鱼也"。要让那些顽固的老百姓,都受到感化。"利涉大川,乘木舟虚也","木舟",用木头做成的小船。我们看中孚卦的卦象,中间那两个虚的爻,就像是中间被挖空了一样,我们现在叫独木舟。独木舟之所以能够坐人,就因为它是中空的。如果是一根圆木,谁敢坐呢?一下子就翻到水里面去了。

"中孚以利贞",意思就是说,要让人家相信一件事情能长期做下去,而不是突然间变来变去。我们敢坐独木舟,是因为对它有信心,知道坐在上面渡过大川是安全的。"乃应乎天也",这就是顺应天理。

我们中华民族特别相信天,就是长期以来都知道天不会骗我们。我们都有那种非常不相信别人的感觉,认为几乎所有人都会骗我们,只是迟早的问题,因为人是会变的。而天呢?每年都是春夏秋冬,每天都是太阳月亮,从来没有变过。所以,人要变,一定要有一个基本的原则不变,就像老天一样。尽管今年的冬天可能特别冷,夏天雨水比较多,但是基本的原则没有变。否则连春夏秋冬的大秩序都变了,人也就不那么相信天了。

孔子说:"天何言哉?四时行焉,百物生焉。"老天不说话,四季照常运行,万物照样生长。老天很公正,不会去压制谁,也不会个别去惩罚谁,所以我们对它有信心。同样的道理,人的诚信,要针对大家,而不是针对某一个人。

 人的诚信,要针对大家,而不是针对某一个人。
——《易经》的智慧

第一百三十七集　广施诚信

一个人要做到真正的诚信，就要坚持原则，并且公正待人。然而对于一个社会来说，诚信的基础是什么呢？对此，中孚卦的大象传，又是如何阐释的呢？

大象传说：**泽上有风，中孚。君子以议狱缓死。**

我们看中孚卦的卦象（图137-2），下面是泽，上面是风。风吹过池塘，很均匀、很周到，不会只吹这个角落，不吹那个角落。风来感动水，水感受到，很喜悦地随着风产生波动。这里面完全没有人为的成分，纯粹是自然的，很公正的，这种状况才叫作中孚。

君子看到这种景象，就悟出一个道理，这个道理一直到现在还有用，就是"以议狱缓死"。"缓死"，并不是废除死刑。现在有很多人主张废除死刑，其实这是不正确的，我们可以不执行死刑，但是不能废除死刑。因为只要政府明令废除死刑，那就会有很多人以身犯险，反正没有死刑，还怕什么呢？这不是给自己找麻烦吗？所以，很多人认为自己是凭良心，是为大家着想，讲一大堆道理，实际上他是不了解人性的。一定要有一个东西来压制人性，止跟节就是这样的。人的欲望是无穷的，没有节制，后果不堪设想。所以，不可以废除死刑，但是可以判他死刑以后，不马上执行，而是缓一缓，缓一缓就说明可能还有变动。

"议狱"，就是要审议。狱里面的人，应该处以什么样的刑罚，要经过审议，而不是把他关在那里，毫不理会。审判人的时候，一般先判他不死，实在没有办法判他死也可以，但不能马上执行，因为那样做的话，如果冤死了人，就无法挽回了。当然，我们不能够放纵那些应该死的囚犯，否则对被害人就不公平，没有诚信。

中孚卦讲的是"信"字，但是它的卦名没有用"信"，可见"信"这个字不能完全体现整个卦的意思。中孚整个卦形就是两个阴爻之柔在正中间。这告诉我们，"诚"存在于心中，而不是嘴巴上。所以，中国人老是怀疑这个人讲话到底可不可靠，是有道理的。因为我们只听到他嘴巴讲的话，而没有看到他心中的诚。上下两个卦都是以阳爻居中位，表示精诚所

至、金石为开。意思是说如果不是至诚的话，只能感化少数的人，并不能让大部分人信服。

"诚"存在于心中，而不是嘴巴上。
——《易经》的智慧

法家里面，有一个很重要的人物叫商鞅。商鞅为了表示自己令出必行，就弄一个木杆在那里，并公开宣布：谁把这个木杆从甲地移到乙地，就给他重奖。大家都觉得这是在开玩笑，一根木杆轻轻松松地搬一搬就给钱，天下会有这种事吗？所以很多人不相信。可是商鞅为了表示自己的决心，只要有人搬了，他就真的给钱了。各位认为这样做对不对？当然不对。

我们常说一句话，叫作"重赏之下，必有勇夫"，并且一直认为这是很好的办法。实际上出发点就是错的，因为这是鼓励别人起贪念。哪有那么轻松就得到一百块的？如果是这样的话，表示一些人可以随时等待那种不劳而获的，甚至很轻松就可以赚钱的事，这样的动机基本上就是错的。商鞅到最后死得那么惨，自己真的应该检讨。一个人，自己一定要中虚，一定要没有利害关系，才叫诚信。

商鞅这种只追求形式，不注重内心的做法，与诚信的真正要求是相悖的。其实，虽然现代社会不断提倡诚信，却有很多人像商鞅一样，常常曲解诚信。那么，现代社会对于诚信的误区都有哪些？又该如何正确倡导诚信呢？

现在很多小孩子，将来是很可怜的，为什么这么说呢？现在很多新闻都在报道，某个小孩子五分钟就被骗了。一句"你爸爸在外面，我们去找他"，他就相信了。作为父母，到底是告诉小孩要相信，还是告诉他不要相信，这是非常难的事情。如果告诉他不要相信，他连父母都怀疑；如果

第一百三十七集　广施诚信

告诉他要相信,小孩就很容易被骗。我们经常讲,上一次当是倒霉,可是上两次当就是愚蠢了。

这样大家才知道,为什么中国人从来不同情被骗的人。外国人同情被骗的人,觉得一个人上当了真是可怜。所以外国的电视可以请那些吃亏上当的人来做见证人,然后大家都很同情他。中国人千万不要做这样的事情,因为那就是二度伤害。我们看到电视上有人哭诉自己怎么被骗,怎么倒霉,都感到很好笑,觉得他怎么那么傻瓜,连这个都上当,真是活该。这是中国人很有趣的一点。我们用这个来提醒自己不要上当,若是上当了,谨记在心就好,也不必讲出来。这样做不是害人,而是帮助人。因为外国人把整个细节暴露出来以后,大家会觉得这样去骗人迟早被发现。而中国人的想法完全相反,中国人说这样的骗局之所以现在会被拆穿,就是这个地方不小心,或者那个地方有漏洞,然后把这两个堵起来再骗,完全是相反的效果。

我常常觉得,不懂《易经》的人,要在中国社会说三道四,真的应该去衡量一下功过。有很多事情,不能讲就是不能讲,因为不讲别人不会想到,一讲就害人了。我们常讲家丑不可外扬,因为没有人同情,就是这个道理。再强调一下,这不是谁对谁错的问题,跟对错也完全没有关系,而是思路的问题。西方人的思路是那样的,而中国人的思路是这样的,二者并不相同。如果你想改变,那也是你个人的事,至于后果,自作自受。

人类要讲诚信,尤其是现在,大家往往彼此都不信任。如果我们能够很自然地说大家都很诚信,那么"诚信"二字就可以丢掉了。人类没有道德以后,开始说仁义很重要;仁义不见了以后,开始说礼智很重要;仁义礼智都没有了,又开始说要诚信。人类已经到最后一步了,如果我们还像现在这样,告诉小孩要诚信,然后他吃了亏以后,势必开始怀疑诚信。这样下去,我们教育的效果在哪里呢?

所以,我们要向独木舟学习。独木舟是摇摇晃晃的,不是说人一上来,它就能保证其安全。它为什么保证你呢?你自己要翻滚,掉下去又来怪它,怪它有什么用?独木舟的好处,就是自己翻了,人掉下去之后,

它又翻过来，本身没事。你相不相信它是你的事，它对你诚不诚恳是它的事，因为独木舟本身跟上面坐的人就没有关系，是人要坐它，它并没有招呼人来坐。但是，我们现在对这个都误解了，非要别人向自己保证。别人为什么要向你保证呢？

我们吃过几次亏，上了几次当，就开始失望，觉得诚信的人都倒霉，讲仁讲义的人都吃亏，还读书干什么呢？我们现在从小都读仁义，但到最后都不敢仁义，就是因为一讲仁义就倒霉，其实是我们没有本事使得自己终身对仁义确保信心。那是你的事，不是别人的事。诚心不妄不容易，我们经常都是虚晃的，都是有妄念的，本身就开始不诚了。

因此，中孚卦在当前很有意义，大家真的要好好去深刻体会，并仔细观察一下六个爻的变动，就知道原来我们平常对诚信的认识实在太差了。接下来，我们就来讲：诚心不妄。

易经的智慧・第一百三十八集　诚心不妄

"仁义礼智信"被称为儒家五常，是人为了自身发展以及社会进步，应该拥有的五种基本品德。而宋朝哲学家周敦颐曾说："诚，五常之本，百行之源也。"既然诚信对于人类的生存，有如此重要的意义，那么人们该如何践行诚信？对此中孚卦的六个爻，又有哪些建议呢？

第一百三十八集　诚心不妄

一个人要诚信，必须有一个起点，这个起点一旦错了，后面整个就会偏掉。中孚卦的初九就是立信的开始，它的爻辞（图138-1）只有六个字：虞吉，有它不燕。

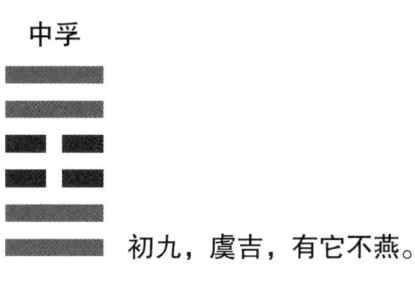

初九，虞吉，有它不燕。

图138-1

"虞"，仔细思考。当然，"思考"这两个字不太好，因为"考"是没有心的，最好用"思虑"，"虑"才有心。我们常常讲，"这件事情要不要做，让我想一想"，就是这个道理。"吉"，合乎道德的就好，不合乎道德还要去相信，结果一定是不好的。经过仔细研判，确定自己要相信了，就不能"有它"。"有它"就是不专心，还有其他的想法，有其他的想法就"不燕"。"燕"，安的意思。换句话说，确定它有价值，值得去相信，那就要深信不疑，不要再有很多理由。确定之后就要去实践，实践的时候，不可以再掺杂其他的利害关系。我们现在都是，要我做这事，就得给多少钱，钱多就卖力一点，钱少就偷懒一点。最后结果一出来，不是你一个人不安，而是所有人都不安。

我们中国人常常讲，既然答应人家，就算吃亏上当，也要做到底。但

是这句话有个前提,就是不要随便相信别人。我们站在不信的立场来信,站在不要的立场来要,站在不讲的立场来讲,站在不知道的立场来表示自己知道一些,才是合乎道理的做法。

小象说:初九虞吉,志未变也。初九当位,又刚又明。很明显,我们本来就应该相信别人,但是立信的时候要小心谨慎,因为这种人很容易愚忠。所以,刚开始就要明辨,这件事情有没有价值,如果有价值就算没有报酬也要相信,这才叫君子。

诚信是为人处世的根本,但对人诚信也是有前提的,那就是要明辨是非,慎始而后才有可能善终。其实,要坚守诚信是很困难的,会遇到各种诱惑,特别是诚信付出,却得不到回应时,就很容易动摇。那么,人们该如何面对这些问题呢?

九二爻辞(图138-2)说:鸣鹤在阴,其子和之。我有好爵,吾与尔靡之。

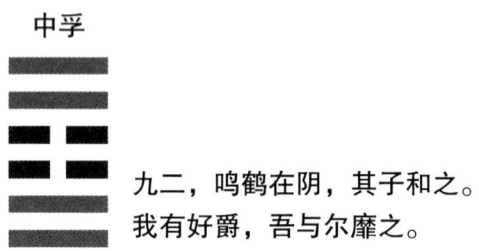

图138-2

"鸣鹤在阴",鹤在很阴暗的地方鸣叫。为什么"在阴"呢?九二阳居阴位,本身处在阴位,上面又有两个阴爻。换句话说,九二处在人家比较不重视、比较不容易看见的地方,所以,就像鹤在那里鸣叫,但没有人听得到。但还是有人听到了,即"其子和之",它的儿子一定听得到,这叫骨肉相连。

第一百三十八集 诚心不妄

"子"，指的是初九爻。这里出现一个很重要的关系，初九跟六四是相应的。很多人就栽在这里，认为朝中有人，便胡作非为。那么，六四为什么那么吸引人？因为它跟九五靠得很近，有内幕消息，又有权势可以拉初九一把，那还怕什么呢？所以，初九经常是不理会九二的，因为它的上面有六四。现实生活中，很多人直接超越了顶头上司，然后去跟老板的亲信打交道，就是这个道理。照理说，有相应的爻，它是可以提拔你，可以援助你，可以让你感觉到有勇气去做，可是在中孚这个卦里面，就是强调避免相应这种事情，这就是卦的厉害了。老实讲，初九要想安全，一定要跟九二处得好，不能心中只有六四；换句话说，初九跟六四要断绝相应的这种关系，否则就不诚不信了。其实，社会上这样的人很多，没有位置，上面不相信，讲的话人家不问不闻，可是他还是在讲，为什么？因为自然有同类的人会相应。

"我有好爵，吾与尔靡之"，"我"跟"吾"，指的都是上天，上天会给我好的天爵。孔子一生都倒霉透顶，他就是这样的，一直都是"鸣鹤在阴"。他的那些学生，一能干就去当官了，一当官就报废了，一有钱就出去了，了不起回来看看老师没钱，就给予一些。可是还是有一些人继承了孔子的思想。可以说，越倒霉的人，才会越想把他的东西传下去，这很有意思。这就叫天爵。

我们常常讲，照道理去走，在正业上，即使赚不到钱甚至亏本，老天也会在别的地方给予补偿。我相信很多人都有这样的经验。《道德经》讲得非常清楚：天地无亲，常与善人。老天不会特别照顾谁，但是常常会照顾真正善良的人，这就是"吾与尔靡之"。老天有的就是看不见的天爵，它会给你，别人看不到，自己也不见得能感觉出来。历朝历代，其实最有贡献的人就是九二，虽然不当位，社会上没有他的位置，可是该做的还是实实在在去做，完全出乎内心的至诚，不求回报，名利与其无关，也无所谓。

诚信需要发自内心，内诚于心才能外信于人，因此真正诚信的人，不

管别人如何回馈，都会坚守下去。然而不是每个人，都能真正做到诚信的，那么诚信缺失的人，会遇到哪些问题？人们又该如何跟不讲诚信的人相处呢？

六三爻辞比较复杂（图138-3）：**得敌，或鼓或罢，或泣或歌。**

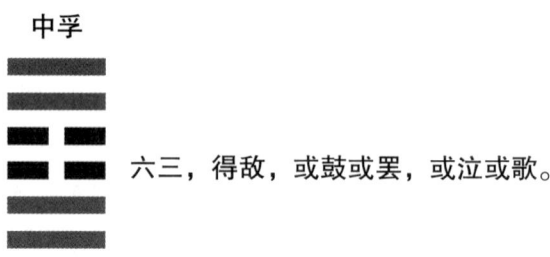

图138-3

"敌"，指的是六四。因为六三和六四都是阴爻，同性相斥，位置也不同。六三是不当位的，六四是当位的，后果自然不一样。六三被六四所压制，因为六四比较靠近九五，它不会管六三，只会跟上面处得好，因为这个比较重要，这不就产生了利害关系吗？整个卦就靠九五，如果九五不正，其他都免谈。这样大家才知道，为什么我们中国人动不动就要巩固领导中心，那是绝对有道理的，因为他的影响非常之大。

六三的问题出在哪里呢？因为它以阴居于阳的位置，而且上九跟它正好阴阳相对应，所以就想赶快过去，一过去才发现，六四挡住去路，就好像跟六三为敌一样。这时候，六三只有两个办法，第一个是"或鼓"，"鼓"就是击鼓进攻，你想挡我，我就跟你拼了。第二个是"或罢"，我打不过你，狼狈而逃。"或泣或歌"，打输了悲伤哭泣，打赢了欢乐而歌，我们经常这样"得失形之于色"。

小象说：**或鼓或罢，位不当也**。六三不管是进还是退，都是不当位的，没有诚信，才会左右为难。可是这个爻并没有说凶，因为六四是守信的。六四不像六三，不跟六三一般见识，它只是挡着六三，而这样做的出

第一百三十八集　诚心不妄

发点是好的。所以爻辞说要么打，要么逃，并没有说被杀，或者被处死。

缺乏诚信，不管是喜怒哀乐，都不得其正，处于中孚的情境而不诚信，最后一定是反复无常。我们讲得很清楚，一个人干脆摆明了自己不诚不信，就是小人，别人要用就用，不用拉倒，不装成君子，这叫真小人。真小人比较不可怕，而伪君子是最可怕的。我们中国人最怕的就是伪君子，反而有时候还比较喜欢真小人。

我们都知道，君子跟小人是两极化的。君子就是好，小人就是不好，但是要小心有的人外面是君子，里面却是小人；有的人外面是小人，而里面却是君子。更可怕的是君子会变小人，小人会变君子，更需多加留意才是。若是一个人对别人的事情都是君子，偏偏选中你，在你面前处处是小人，那岂不是很糟糕！正是因为有这么复杂的情况，所以我们每个人都要自求多福。自求多福就相当于我们自己的脚，要站得稳才行，否则的话有理都说不清，因为道理是牵来扯去的，不可能一刀两断。我们常常说，一个巴掌拍不响。意思是说凡是有争执，有是非的，都是两个巴掌，而两个巴掌，怎么知道谁对谁错呢？

现代社会中，很多人被物质财富所奴役，急功近利，见利忘信。而中孚卦的六四爻却告诫人们，为了利益而丢弃诚信的行为，最终换来的结局往往很悲惨。那么六四爻的爻辞究竟是怎么阐述的呢？

六四爻辞（图138-4）说：**月几望，马匹亡，无咎**。

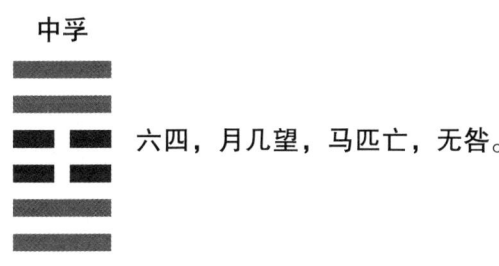

图138-4

"月几望",月亮快要满而没有盈,大概每月的十二、十三,最多到十四,眼看着要圆了,但就是没有圆。"马匹亡",明明有很好的马可以骑,现在却失掉了。这又在说明什么呢?

六四当位,又跟初九相应,这是非常有利的。这一点多少人一辈子都没有参透,然后死得很惨。六四跟九五很亲、很近,大家都知道九五很相信六四,然后就开始利用六四的资源来向人民讨好。"人民",指的是初九。六四去照顾初九,九五会有什么想法呢?九五一定想六四要取代自己,否则干吗去讨好老百姓呢?一般人都会这样想,既然有这么大的资源,不用白不用,那现在就要来争取民心,争取民意。凡是员工都说好的干部,老板多半会怀疑他是不是偷用了什么东西给员工。道理就是这样的。

既然这样,为什么会"无咎"呢?就是说六四切断跟初九的关系,还是可以无咎的。我们可以从历史上看到,多少功高震主的臣子,很守诚信,君王也相信他,于是派他去赈灾,或者做其他的事情,到民众反映非常好的时候,君王又开始怀疑他想干吗。所以,做人难就难在这里。

六四可以应,但是不能应,历史上六四爻做得最好的就是曹操的一个干部,叫贾诩。贾诩很得曹操的信任,可是他却跟家人讲:我们家不能跟其他人来往,也不能让人家赞美我们,否则我们会死得很惨。可见,贾诩是非常懂得六四爻的。

对于一个国家或者一个组织来说,要想缔造出诚信的氛围,最重要的是需要九五爻所代表的最高领导坚守诚信。那么,中孚卦的九五爻究竟是怎么说的?最高领导应该如何凝聚诚信的力量?诚信的成果又该怎么保持呢?

在中孚卦中,九五是非常重要的,刚实居中,位置好,本身又合理。九五爻辞(图138-5)说:*有孚挛如,无咎。*

第一百三十八集 诚心不妄

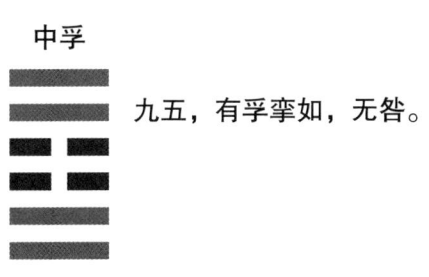

图138-5

"有",应当;"孚",诚信;"挛",五个手指头紧握着,一点都不放松。一个人要走到九五,不是那么容易的,必须无私。有一句话,叫作"为天下者不顾家",说的就是这个意思。凡是一个领导,让自己的家人经常到办公室走来走去,员工会怎么想呢?所以,必定要先节制自己,才有办法去节制别人。无论人家怎么样,自己首先要诚信。

九五跟九二是不相应的,表示九五很难跟九二相处。我有脾气他也有脾气,我有个性他也有个性,我有原则他也有原则,道理就是这样的。九二也有自己的原则,虽然只是"鸣鹤在阴",声音很微弱。九五可以不欣赏,但是必须始终对它讲诚信,永远不放松,才会无咎。

一个地区,如果讲真话的人都开始不讲了,这个地区恐怕就越来越乱了,有一个故事可以证实这一点。有一个君王(九五)最欣赏千里马,很想拥有一匹,于是就叫臣子(九二)去买一匹千里马。臣子是"鸣鹤在阴",他坚持原则去做,找来找去,也找不着千里马,但绝不滥竽充数,这就是九二的个性。最后终于知道哪里有千里马,高兴地跑去,结果马死了。于是就花重金把这一匹死了的千里马买回去,所有人都笑他。君王也很不高兴,说:叫你买活的,你买死的干吗?死的有用吗?臣子说:当我们把死的千里马都买回来的时候,所有有千里马的人,都会主动来找我们,因为他们会觉得我们连死的都买,那活的更加要买了。君王相信了他的话,果然得到了很多千里马。

接着看上九,爻辞(图138-6)说:翰音登于天,贞凶。

中孚

上九,翰音登于天,贞凶。

图138-6

"登",就是往上的意思。"翰音登于天",飞鸟往上飞,等到发现自己很累、难以支撑的时候,只好哀鸣了。"贞凶",一定有凶祸。其实我们讲到小过卦的时候,会很深刻地感觉到鸟只能往下飞不能往上飞,因为往下飞很安全,累了随时可以栖息。

上九是不当位的,心中完全没有诚信。不当位,没有诚信,又要充能干,就像飞鸟一样,飞到上面,孤立无援,自己又没有力气撑下去,最终的命运是很凄惨的。换句话说,一个人徒有虚名,现在看起来不得了,飞得很高,但虚名怎么能够持久呢?很快就会栽下来。

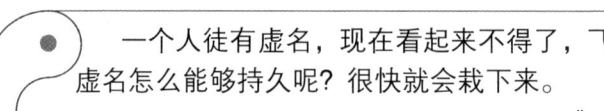

一个人徒有虚名,现在看起来不得了,飞得很高,但虚名怎么能够持久呢?很快就会栽下来。
——《易经》的智慧

上九在九五的上面,就好像声音的尾音一样,随风高飞,虚而不实。飞鸟飞得越高,它的声音就越微弱,表示快要断气了。老实讲,我们听一个人的声音就能分辨这个人健康与否。如果他的尾音不实,往下掉,讲话刚开始有力,越讲越无力,就可以判断这个人的健康是有问题的。

我们常说:盛名之下,难以久居。一个人说自己讲诚信,那么所有人都要考验一下他是不是真的诚信。如果老板说"大家有话就说,我不会生气",那就完了,所有人想尽办法要试试老板是不是真的不生气。如果最

第一百三十八集　诚心不妄

后证明老板还是生气了,那以后就完全没有信用了。所以,一个人坚持自己的诚信没错,但是最好放到心里头,不要说出来。自己心里非诚信不可,至于别人怎么感觉,那是别人的事情。所以我们要对自己的诚信,留下一些余地,话不要说得太满,就是这个意思。宽留余地,在《易经》中有一个专门的卦,即小过。小过就是稍微有点过分,稍微有点过失。下一次,我们就要提醒每一个人:宽留余地。

易经的智慧·第一百三十九集 宽留余地

俗话说：人非圣贤，孰能无过。《易经》中的小过卦就告诉我们，人生是难免有些小过失的。但是，如果因为怕有过失就畏惧不前，人生也就失去了意义。然而，我们应该怎样尽量避免过失？有了小过失后，又应该如何进行调整？矫枉是不是必须过正？而人们常常说的"小过不断，大过不犯"，又是否正确呢？

第一百三十九集　宽留余地

小过就是稍微有一点点过分，稍微有一点点过失，过分、过失当然都不好。可是，一个人连一点小过失都不敢犯，那就太拘谨了，太小心了，其实也是一种过。什么都不敢尝试，什么都怕过分，结果搞得自己寸步难行，反而得不到宝贵的经验，因此就永远没有办法达到那个刚刚好的度。因为人不是神仙。人人都有一个理想，一出拳就希望命中目标，但是谈何容易？做什么事情都要刚好符合标准，增之一分则长，减之一分则短，实在是可遇不可求的事情。

比如，小孩子拿东西的时候，老是撞到别的东西，因为还没有训练成熟，他无法掌握那个度。老年人也一样，他拿这个就撞到那个，要弄这边结果那边却被搞乱了，就是年纪太大掌握不了动作的分寸。所以人打篮球就那么几年可以，过去这段时间，以前是神准的身手，现在也会变差。我们每个人几乎都有过犹不及的痛苦经验。所以小过卦才告诉我们，在某种原则之下，宁可过一点，稍稍有一点过分都是好的。本来是不好的，但是某种情况之下，又变成好的了，可见连善恶都不是固定的。

《杂卦传》说：*小过，过也*。就算是很小很小的过，但是毕竟还是过。那是不是告诉我们就不要犯小过？大概没有，小小的有一点过度，在某些地方算过失，在某些地方则不算过失。所以《序卦传》才会这样说：*有其信者必行之，故受之以小过*。对心存诚信的人，已经经过审慎推敲的事情，行动起来当然是很果决的。这一果决，就难免矫枉过正，所以受之以小过。这就告诉我们，某些小事情宁可过分一点，但是不能太过分，更不能把过分当作正常，这才叫作小过。

俗话说,做事有气度,做人有尺度。小过卦告诉我们,凡事收敛,把握尺度,才是人生的大智慧。在一些小事上,对自己要求过度,是有益无害的;但是在大事上,如果好高骛远,自不量力,就会招致灾祸。那么,小过卦的卦辞又是怎么说的呢?

卦辞是这样说的:小过,亨,利贞。可小事,不可大事。飞鸟遗之音,不宜上,宜下,大吉。

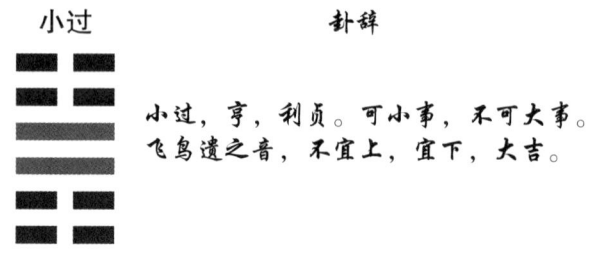

图139-1

小过是卦名,直接告诉我们,它是亨通的,有利于坚持原则。坚持什么样的原则呢?就是"可小事,不可大事",在小事情上宁可过分一点,但是在大事情上千万不能过分。这个卦的六个爻中,有四个是阴爻,有两个是阳爻,阴为小,阳为大,小的爻有四个,大的爻有两个,小的爻多过大的爻,因此它所指的就是小事情。如果连小事情都不敢尝试的话,那么大事就更不敢做了。

我们又怎么知道什么是大事,什么是小事呢?损失小,伤害轻,人能担当得起,这就叫小事。如果说损失很大,伤害很严重,人根本受不了,而且也不能被别人原谅,那就不要去试了。

小过卦很巧妙地用飞鸟来做比喻,大家有没有发现,这个卦的卦象就很像一只鸟?九三、九四就是鸟的身体,六五、上六像一个翅膀,初六、六二就像另外一个翅膀,两个翅膀当中是一个鸟的身体,这是什么意思

第一百三十九集　宽留余地

呢？就是表明这只鸟在飞。

"飞鸟遗之音"，看来这只鸟很喜欢飞行。但是如果飞到不知道回来，就很可怕。人也是这样的，一直往前冲往前冲，冲到快没命了，才想起回家来，这样当然是不对的。有办法就远走高飞，没有办法就回老家，这样就对了。而这只鸟则是越飞越起劲，越飞越高，越飞离开鸟群越远，后来就逐渐感觉到力气不足了，就发出了哀鸣，哀鸣就叫作"遗之音"。比如一个人死了，他的相片就叫遗像，一个喊声如果只听到却看不到是谁发出的，那就叫遗音。

因此，卦辞就很正式地告诉我们：不宜上，宜下。没办法时只能犯小过，现实中的势力太强了，要想做事情只能顺着方向做，但是可能不小心走过头了，就要及时转回来。而如果不分青红皂白地逆势而动，不但会弄坏事情，很可能还要毁了自己。所以说，我们尽量不要逆势去操作，而要顺势去把事情做好，这样才会"大吉"。

小过卦的卦辞告诉我们，即使犯小过，也要顺势而为，不可逆势操作，这样才容易及时纠正，不至于越走越远。就像飞鸟一样，如果一味地向上冲，最后只能在天空中，无助地哀鸣。我们只有顺势而为，适可而止，才能成功地迈向彼岸。那么，小过卦的象辞，又是如何来诠释的呢？

象辞说：小过，小者过而亨也。过以利贞，与时行也。柔得中，是以小事吉也。刚失位而不中，是以不可大事也。有飞鸟之象焉。飞鸟遗之音，不宜上，宜下，大吉，上逆而下顺也。

"小过，小者过而亨也"，这个卦之所以叫小过，就是因为小的事情，稍微有点过分，但是还可以亨通。如果一过分就不亨通了，就表示是大事，而不是小事了。

"过以利贞"，这个"以"，在这里解释为"之乎者也"的"之"，

也就是现在说"过之"，还会"利贞"。过分的居然还能够利贞，这是什么意思呢？"与时行也"，就是配合时机刚好符合，刚好顺势。大家都这样，你也可以这样。虽然有一点错，可是管不了那么多人，所以就能放你一马。比如中国人常常闯红灯，而且是跟着别人闯，心里是法不责众、不闯白不闯的想法，此种心理就是从这里来的。事实上，真的有太多人闯红灯，警察也是一点办法都没有。当然这里只是讲这种从众心理，并非鼓励闯红灯。

"柔得中"，柔是六二和六五都在上下卦的中爻，表示上下的想法是一致的，都认为这是小事。而且都是很柔地去有点过分，不是很刚地去过分。刚得过分叫逆，柔得过分叫顺。"是以小事吉也"，所以小事是吉利的。因为事情小，反而可以起到激励人的作用。

"刚失位而不中"，小过卦只有两个刚爻，一个是九三，一个是九四，如果说九三阳居阳位，它就是当位的爻，这样理解"刚失位"显然不对。这两个爻摆在一起，一个是阳爻居阳位，一个是阳爻居阴位，为什么两个都失位了呢？因为后面还有"不中"两字。"刚失位"，就是说这两个刚的爻，都没有在上下两个卦的中间位置。一个人有再大的本事，如果没有在天位、地位占一些位置的话，只占人位则始终是不三不四的，这是讲位的重要。所以我们常常讲地位地位，就是轻易不敢讲天位，随便占天位是要杀头的。因为天位属于大位，是天在定，天要你上去你就上去，天不要你上去，你做梦都不要想，甚至连做梦都不能想。那么，我们就只能想地位了，而地位就是下卦的中爻。

小过卦的两个阳爻，连一个下卦中爻的地位也没有争取到，更不要说上卦的中爻了。两个阳爻都没有占到位置，所以才说刚失位。而"不中"就是说，才德修养都没有被人家看出来，"是以不可大事也"，所以这样就算是阳、就算再怎么样能干，也做不了大事，因为整个环境是不利的。

"有飞鸟之象焉"，整个卦看起来就像个飞鸟一样。如果把这个卦象横着摆，我们就会发现这很像"是非"的"非"字。把中间两个阳爻竖起来，然后一边两排阴爻（图139-2），那不像是"是非"的"非"吗？而"非"与"飞"同音，就是说本来飞不上去，却偏要去飞，这是不对的。"飞鸟遗之音"，飞鸟飞到人们都看不见它的身影了，只听到它留下来的声音，这太可怕了，也太可悲了。

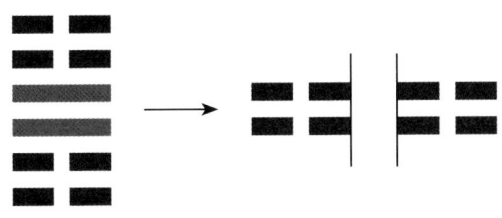

图139-2

"不宜上，宜下，大吉"，如果我们理解了小过卦，就明白飞到差不多时，这要停下来休息了。适可而止，再好的条件都不高飞了，而且还要往下飞，这样就"大吉"了。因为"上逆而下顺也"，鸟要飞上去肯定非常吃力，耗尽精力也是受不了的，可是往下飞则是趁风而下，顺势而为，当然既顺又吉了。我们确实应该好好去体悟那只鸟，体悟它的状态，以及它的后果。

小过卦的象辞告诉我们，只要坚守正道，把握住一定的时机，顺势而为，即使在一些小事上稍有过度，也是亨通的。但是在大事上，一定要量力而行，不宜上宜下，因为上逆而下顺。那么，小过卦的大象传又给了我们怎样的启示呢？

我们现在来看大象传：*山上有雷，小过。君子以行过乎恭，丧过乎哀，用过乎俭*。

小过卦下卦是艮卦（图139-3），艮卦就是山的意思（图139-3）。上卦是震卦，震卦就是雷。雷是那个声音，山是那个高势，雷的声音响在山上，只是音量有点过，所以就不能叫大过，而叫小过。因为它所造成的伤

害,没有那么大。

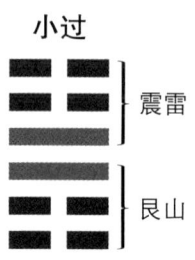

图139-3

君子看到这种状况就知道,谦恭宁可过分一点,因为稍微不够一点,人家就认为你不谦恭,那就麻烦了。比如我们跟人打躬作揖,也要注意人家有没有看到,人家没有看到时我们打躬作揖,人家看的时候我们又没有动静了,人家就觉得我们很奇怪,很高傲,这就是没有与时行也。

"丧过乎哀",进行丧礼的时候,脸上就是不能笑,再想笑也不能笑。我们现在的人,会请别人来哭丧,因为家里人哭不出来,就请别人替哭,让邻居都以为这家人很悲哀。这样当然是不对的,那已经不是小过了,而是严重的过失。

"用过乎俭",用是指自己的用,待自己宁可节俭一点,简约一点,而待客的时候,则可以宽一点。我们中国人常常骂人说,打肿脸充胖子。家里穷就算了,客人来了却要东借西借,表面上搞得很好看。这种批评当然不对了。老实讲一个人穷的时候,最需要的就是朋友来看望,当我们穷困之时,居然还有朋友会来看望,那不就是要救我们的人嘛!

我们往往要取法乎上,才能得其中。我们常常要矫枉过正,才能得其正。很多时候,很多事情,往往是拉到那边去又拉回来,才刚刚好,这就是矫枉过正的必要性,也就是小过卦的重要性。

小过卦告诉我们,矫枉必须过正。我们在生活中、在工作上也体会到,有些小过失是在所难免的,只要我们经常进行调整,就可以避免发生

第一百三十九集　宽留余地

更大的过失。俗话说：小过不断，大过不犯。其中的道理又在哪里呢？

我常常跟年轻人讲，你宁可在家挨父母的骂，不要出去受人家的笑话。事实上，有很多年轻人自尊心特别强，就怕父母骂他，一骂就觉得受不了。其实有什么受不了的？父母不骂你，你出去就闹笑话，在这两者之间不是很容易选择吗？

这样我们就知道，《红楼梦》中贾宝玉的文章明明做得很好，他父亲却批评得一无是处，其实是很有道理的。就是因为他是你的孩子，你批评他，他才会做得更好。你一夸他做得好，别人就会说这里不好那里不好。这也是一个阴阳互动的很自然的现象。比如裁缝给人做好了衣服，顾客试穿的时候，懂人心的裁缝就会说，哎呀，这里好像有点宽。顾客反而觉得不会，感觉还挺好的。如果他说你穿起来正好，简直天衣无缝，顾客倒觉得，不是这里太窄了，就是那里太宽了。人的心理就是如此，不一定是故意的，这就是阴阳互补，而且已经变成我们的一种习惯了。所以一个人年轻的时候，碰到的老板是严好还是宽好，自己的判断就未必正确。如果碰到一个比较挑剔、比较严格、稍微有一点过分的老板，对我们倒是好事；如果碰到一个比较宽松的老板，该管的不管，该说的不说，吃亏的恐怕永远是我们自己。

小过卦的重要意义是鼓励我们勇敢地去做事情，而不要怕犯错。我们一定要记住，为了怕犯错而裹足不前，为了怕丢脸而什么都不敢做的人，这已经是病态了。如果整个社会都这样的话，那社会怎么会进步呢？可是千万记住，不要乱变乃是大前提。在不乱变的大原则之下，稍微变通一下，稍微尝试一下，都是没关系的。人们常常讲，小过不断，大过不犯。听起来好像是坏话，其实还应该有另一方面的意思。

> 我们一定要记住，为了怕犯错而裹足不前，为了怕丢脸而什么都不敢做的人，这已经是病态了。
> ——《易经》的智慧

　　要取得经验就要不断地尝试,不断地尝试就免不了犯小错误。又因为小错误很容易改过来,所以最终才会恰到好处。这不是学习就可以得来的,需要真正的练习。如果一开始就要求不能错,那就相当于把人的两只手绑了起来。反正不做就不会错了,一做当然就可能错。所以当领导的人,在某些地方要宽厚一点,在另一些地方要挑剔一点,就是拿捏大事与小事之间区别的那个度。一般的人不懂这个道理,他一会儿说,你为什么连这个都管?一会儿又说,你为什么连这个都不管?他老是认为管与不管应该确定一个明确的界限。

　　当然,应该记住最重要的一点,就是整个小过卦的六爻告诉我们的,要顺势而为,不要逆势操作。接下来,我们继续来讲:顺势而为。

易经的智慧·第一百四十集　顺势而为

中国人很讲究中庸之道，善于在事物的两极之间，保持必要的平衡与张力，正所谓"极高明而道中庸"。但是，在现实生活中，想做到"中庸"是非常不容易的。多数情况下，不是"过"了就是"不及"，"过"与"不及"，只在一念之间。只有适度把握，因势利导，才能在工作和生活当中游刃有余，无往不利。那么，在现实生活中，我们如何才能把握好其中的度，不再受到"过"与"不及"的困扰？小过卦的六个爻又是如何来逐一诠释的呢？

第一百四十集　顺势而为

小过卦一共有六个爻，上面两个爻下面两个爻都是阴的，当中两个爻是阳的，而上下两个卦，上卦是震卦，它是动的，下卦是艮卦，它是要我们适可而止的，所以在这个过与不及之间，我们应该做好合理的拿捏。

我们先从下卦开始，初六爻爻辞（图140-1）说：飞鸟以凶。就是告诉我们，不自量力，后果是很可怕的。为什么初六会不自量力呢？因为它是阴爻居于阳位，以阴居阳的意思就是才能不够，又要冒充很能干。因为初六上面有九四，阴阳相应，结果却造成"飞鸟以凶"的结果。比如一个人刚开始找工作，就是靠上面有关系，才来决定就职，因为有亲戚，有关系，明明没有才能，经验不够，却承担了重任，这个时候就要小心了。

图140-1

那么"飞鸟以凶"的结果会怎么样呢？就是因为一直在往上飞，打铁要趁热，要趁势追击，好机会不要让它失掉，最后就导致飞在高空中哀鸣，这时候后悔都来不及了。这就提醒我们，当我们往前冲的时候，务必应该自重，量力而为，适可而止。确实不行时，就要很坦白地跟上司讲，自己的能力只到这里，请及时找人教我或者帮我。

在现实中经常会发现，因为主管很信任我们，所以很放心地交给我们

工作,因为机会难得或者生怕拂逆主管的好意,我们会满口答应。可是等到最后交不出成绩来的时候,我们才像飞鸟一样哀鸣:我尽力了,我没有想到有这么多困难,没有想到结果是这样的!其实,主管倒不会因为我们不具备某些能力而生气,却会因为我们逞强耽误了时间而生气。不能做就要坦白地说出来,否则把本来可以完成任务的时间耽误掉,才是最大的罪过,这已经不是小过。

所以我们不能说我很热心,我答应的时候没有想到能力不足,最起码我这个热忱是好的。小象说得很清楚:*飞鸟以凶,不可如何也*。把宝贵的时间或者叫黄金时间耽误掉了,已经造成无可弥补的损失,道歉也没有用,当然不是小过的范畴了。

俗话说,月满则亏,水满则溢。如果人不衡量自己的能力,一味地好高骛远,就会陷入像初六爻一样的困境,"飞鸟以凶",其后果是非常可怕的。只有因应时机,量力而为,才可避免灾祸。那么,小过卦的六二爻又给了我们怎样的启发呢?

小过卦的六二爻爻辞(图140-2)说:*过其祖,遇其妣,不及其君,遇其臣,无咎*。

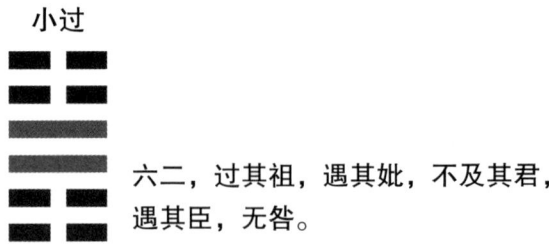

图140-2

小过卦的六二爻,有一个很好的德行,就是"不习,无不利"。因此很守本分,既当位又居中,对上面的两个阳爻非常尊重。尊重到什么地步

第一百四十集　顺势而为

呢？把九三当作自己的父亲，把九四看成自己的祖父，那再上去就是祖母了，祖母就是六五。

"过其祖"，就是超越了九四。"遇其妣"，就是碰到了他的祖母六五。这个时候他还能不能够再越过六五？不可以，因为"不及其君"，这个不及就是不过的意思。他要把自己当作君的臣，这样就能够表现出很好的臣的本分，那就"无咎"了。所以在这里，祖和妣可以解释成九四和六五。而君与臣就是解释六五和六二，这是一种说法。另外一种说法，祖就是初六。为什么祖变初六了呢？因为我们讲始祖始祖，初六就是始的意思。

小象说：**不及其君，臣不可过也**。六二不可以直接跟六五去互动，因为六二与初六一样，都是臣位。臣位对君位而言，有一个守分的问题，就算君位有了差错，犯了过失，在臣位也不可以说，这叫作臣不言君过。臣反而要把君所做事情的责任都承担起来，这才是小过的用意。在现实的情况下，如果老板做错了，下属就直接给老板指出来，恐怕永远没有好结果。如果我们干脆把老板的责任承担过来，老板反而会来为我们辩白，因为他心里知道是自己的问题。

"臣不可过也"，就算领导有了过失，作为部属也不可以批评他。这与另外一句话，天下无不是的父母，其实是相同的意思。父母有过错，子女不可以说，领导有过错，干部不可以说。不可以说并不是闭着眼睛不去管它，而是宁可把过失自己承担起来，结果领导就会把过失揽回去。所以我们经常讲，要推功揽过，有功劳推给领导，有过错自己揽过来。结果则是，争功为过，揽过有功。有功劳推给别人，你会得到功劳；有过失你来承担，人家会拉回去，不会真的冤枉你。

> 有功劳推给别人，你会得到功劳；有过失你来承担，人家会拉回去，不会真的冤枉你。
> ——《易经》的智慧

俗话说，知错能改，善莫大焉。小过卦的六二爻告诉我们，在职场中，应该安守自己的本分，懂得在适当的时候承认错误，承担责任，这样

才能赢得领导和同事的理解与尊重。那么，九三爻和九四爻，又告诉了我们什么呢？

九三爻是下卦的主爻，爻辞（图140-3）是：弗过防之，从或戕之，凶。九三爻是两个阴爻上面的那一个阳爻，有防止小过的责任，可是它又一时大意了，忘记了，居然去跟上六相应，所以它就受到伤害。它对小过不加以防止，却去附和小人。小人是谁呢？就是高居在上的上六。

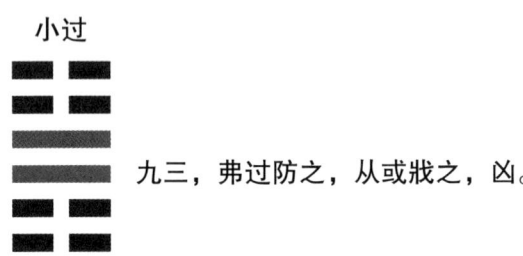

图140-3

小象说：从或戕之，凶如何也。因为这样而受到伤害，凶险程度是很难想象和意料的。九三认为自己是出于好意，遵从上意有什么不对呢？其实上面是不会负责任的，我们中国上面永远是有权没有责任，而不像西方那样权责合一。

接着看九四爻，爻辞（图140-4）是：无咎。弗过遇之，往厉必戒，勿用永贞。

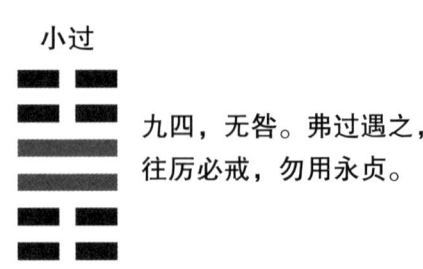

图140-4

第一百四十集　顺势而为

九四一开始就告诉我们"无咎"，因为此爻已经是在上卦了。上卦是震卦，而九四又是震卦的主爻，所以无论怎么做，大概都没有问题。因为位置好，阳居阴位，在震卦的下爻，就表示不管是才能或者是品德，都足够来防止小过，所以一开始就告诉我们无咎。为什么会无咎呢？因为"弗过遇之"，就是不会越位去行事，而是很守分。这样做当然是对的。"弗过"是指言行不过分，"遇之"就是说这样做正好与自己的本分相遇相合，所以没有错。

"往厉必戒"，如果越位的话，自认为无咎，进而就放纵自己，放肆去做，必然是有危险的。

"勿用"就是要记住，不管怎么样，九四哪怕现在已经是位高权重，但与六五相比还是人微言轻。"永贞"，就是要永远保持正直。

我们来看小象：*弗过遇之，位不当也。往厉必戒，终不可长也*。"弗过遇之"，就是不过分，会刚好配合现有的状况。"位不当也"，不能过分坚持，因为位置不当。"往厉必戒，终不可长也"，如果要再往前冲，一定要以此为戒，这个也不是可以永远坚持的。因为有特殊的情况，不能够经常这样，但是偶尔还是要做，这样才叫作"终不可长也"。就是告诉我们坚持原则没有错，但是偶尔有必要，在非常特殊的情况下，还是可以有变动的。可是这种特殊情形过多，也是不对的。就是要这样转来转去，我们才有可能把九四这个艰巨的任务弄清楚。

人贵在有自知之明。就像九四爻一样，能够在自己的位置上，安守本分，不越位行事，不固执己见，守住自己的道德底线，始终坚守正道，这样才能无往不利，从而成就自己的事业。那么，小过卦的六五爻，又给了我们怎样的启示呢？

六五爻辞（图140-5）是：*密云不雨，自我西郊。公弋取彼在穴。*

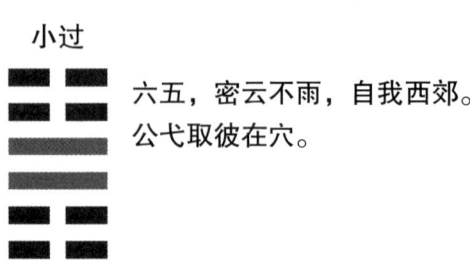

图140-5

六五这一爻是君位,可是它是柔的,不当位,所以它不可大事。"密云不雨",就是很闷,很不开朗,苍生盼雨,满天的乌云就是不见那个雨点下来。"自我西郊"是什么意思呢?六五是从郊外来,因为它不当位,但还是要反省自己,不要老把责任全部都推给九四。因为九四实在很为难,听也不对,不听也不对,做得快也不对,做得慢也不对,所以六五偶尔也应替九四想一想。"公弋取彼在穴","公"就是指六五。为什么它在君位不称为君,而称为公呢?就是说六五自己要衡量衡量,虽然大权在握,但是毕竟自己才能不足,不能够充分发挥自己的主导权,所以也要适可而止。

小过卦是很特殊的一个卦,大家都不肯犯小过,就死气沉沉,无所作为也不可能进步。小象说:**密云不雨,已上也**。为什么会造成社会死气沉沉,人心很郁闷,好像乌云满布,就是下不起来雨的状况呢?六五应该看看自己,底下是两个阳刚之爻,自己则在两个阳刚之爻的上面,这就像手下的干部比自己强,经验比自己丰富,所以自己这个位置是很难坐的。但是你是领导,你怎么办?此时的处境就是小过。

这个时候要宜下不宜上,应该多多去跟九四与九三沟通,甚至还要往下跟六二联络,去关心他们,听取他们的呼声与建议。所以作为老板,可以从这个卦里面获得启示,从而建立良好的领导作风。如果小过卦的六五爻发生变化,变成九五爻的话,这个君爻便硬起来了,因为本身的才能足够,因此可以放心地来领导了。

第一百四十集　顺势而为

我们经常说，人往高处走，但是殊不知，高处不胜寒。虽然水往低处流，但是低处纳百川。所以身居高位的人，更应该谨慎行事，平易近人，处事把握尺度，这样才不至于迷失自己。那么，小过卦的上六爻，又给了我们怎样的警示呢？

上六的爻辞（图140-6）是：弗遇过之，飞鸟离之，凶，是谓灾眚。

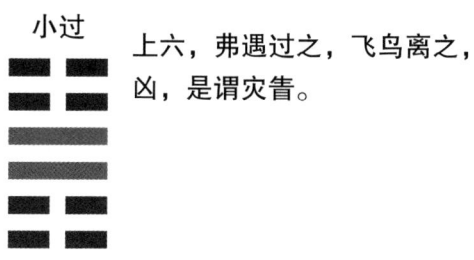

图140-6

"离"就是遭遇的意思。遭遇到什么了呢？遭遇到高飞不下，如果猛地下来就会摔死，所以只好发出哀鸣。既然已经发出哀鸣，就表示事态很严重了。"是谓灾眚"，这个就叫作天灾人祸。

小象是这么说的：弗遇过之，已亢也。因为是上六，只有高亢，而没有后悔，它不是上九，上九才会亢龙有悔。龙飞到高的地方，都会亢，都会有悔，小过卦的上六本身不是龙，所以身处高亢之地就更惨。我们说清楚一点，当领导的人如果高亢，别人还不敢怎么样，也还有人来救他；倘若为臣的人到了高亢的地位，就是违反了人臣之理，就是不守分到了极点，那时谁都不会救他。因此，我们就可以说，上六是严重的越权。我们把上六跟初六比一比，大家就会知道，初六是失职，就是该做的没有做好，上六是越权，不该管的却管了那么多。

那么，到底是越权可怕还是失职可怕呢？如果一个人说失职可怕，那就表示其职位很低，根本不知道什么叫作权，没有享受过权力的滋味。如果一个人的职位很高，他就不会说失职可怕，真有失职弥补一下就可以

了，有什么了不起的？他会认为越权远比失职可怕。这是一般人很难了解的，因为大部分人的位阶都不是很高，而越高阶的人越怕越权，不该你问的你问了，不该你做的你做了，那还得了！

小过卦的六个爻告诉我们，凡事收敛，把握好进与退的尺度，在过与不及之间拿捏好分寸。在一些小事上，即使稍微有些过分，也是亨通的。但是，这个分寸该如何拿捏？如果你认为是小过，而别人认为是大过，又该怎么办呢？

看完这六个爻以后，我们一定要好好想一下，小过卦是个很特殊的情况。如果稍微有一点过分，就要考虑得非常周到。否则我们认为是小过，别人可能认为是大过，我们认为你是无心的，别人可能认为是有意的，那就麻烦了。我们跟底下人稍微过分一点，底下人会忍受，我们自己还有反省的机会；我们对上面过分一点，上面没有必要忍受我们，最后我们自己一定倒霉。所以在这种衡量之下，我们便会感觉到，犯上比较严重，有时候错怪了部属，反而不严重。那不是不平等、不公平吗？其实不然。

身居下位的人应该懂得，上级错怪自己，其实是自己的大好机会，上级永远不错怪自己，那自己连一点机会都没有了。我们要好好地去了解这一点，《易经》讲的所有道理，都不会害任何人。如果我们做错了事情，以为上级不知道，就能瞒过去了，其实是瞒不过去的，瞒得了一时瞒不了长久。那还不如我们自己主动跟上级去报告，上级是很容易化解的。

讲到这里，我们就知道讲诚信是很不容易的，连犯小过也不是那么简单。同时，守成也是不容易的。我们一般人都认为，创业维艰，实际上守成不见得比创业轻松，所以我们下一卦要谈既济。大家千万不要认为，既济是我们把事情都做成了，事业上取得了很辉煌的成果，这下可以刀枪入库、马放南山了。既济是在告诉我们：守成艰难。

易经的智慧·第一百四十一集 守成艰难

改革开放以来，很多人抓住机遇，获得了成功。但是，同样有很多人，在获得成功之后，很快就急转直下，消失得无影无踪。昙花一现的现象，不禁让人感叹：创业不易，守成更难！《易经》中的既济卦，就象征着成功，它的综卦——未济卦，则象征着失败。它们的排序是先既济、后未济。这似乎也暗示着：成功在前，而失败在后。难道成功之后就一定是失败吗？我们艰苦奋斗而来的成果，如何才能长久地保持呢？

第一百四十一集　守成艰难

现在我们终于来到六十四卦的最后两卦——既济、未济（图141-1）。既济、未济两卦是乾卦与坤卦最密切的配合，同时也是最有秩序的一种交合。乾元与坤元一定会互动，互动所造成的结果不是既济就是未济。我们做一件事会有两种后果：一种是成功，一种是失败；一种是任务完成，一种是不能交差。

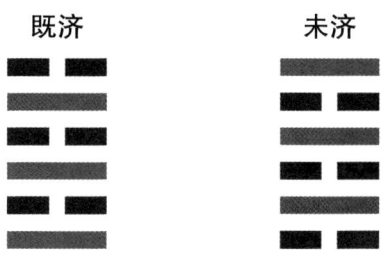

图141-1

但是对于既济与未济的顺序，我们要认识清楚，如果既济的后面一定是未济，那么很多人就会认为成功之后一定是失败，如此一来还不如不要成功。所以认识清楚既济与未济的顺序是非常重要的。我们不能因为卦序是既济之后有未济，就认为成功后面一定是失败，这并不是《易经》的本意，我们绝对不可以把卦序当作是一种必然的，不能改变的顺序。如果卦序是必然的，那么整个宇宙就变成机械了。其实宇宙也好，人生也好，都不是机械的，也都不是固定的，相反，它们是灵动的，而且是可以转化的。所以我们一开始就要交代清楚，未济并不是既济的延续，实际上应该从既济卦与未济卦里面的互卦来看，这样我们就更清楚了。

先看既济卦，既济卦的互卦有既济、未济、离卦、坎卦。再来看未济

卦,未济卦的互卦有既济、未济、离卦、坎卦。如此看来,既济、未济这两个卦似乎是完全一样的,如果再看仔细一点就会发现,既济卦里面有两个既济,却只有一个未济,其他两个就是离卦与坎卦;而未济卦里面有两个未济,却只有一个既济,其他就是坎卦与离卦。由此可见,既济、未济的互卦在相同当中还存在着不同。所以我们经常讲,当我们看到相同时,事物就是相同的;当我们看到不同时,事物就会截然不同。这是非常奥妙的,一定要靠自己去领悟。既济的成分大一点,我们就叫它既济卦,其实它里面也有未济的成分;未济的概率高一点,我们就叫它未济卦,但是并不代表它没有既济的成分。

这样我们就知道,既济与未济两个卦是联动的。换句话说,未济在既济之前,也在既济之后。比如一件事情没有完成的时候,我们就会有一个期望,期盼最终会完成;可是当一件事情完成以后,就会开始觉得这件事情还需要修正,于是又开始进入到未济的那种情形。如此不断循环,就比较合乎《易经》的道理了。

虽然《序卦传》中未济排在既济的后面,但是它们的顺序并不是固定的。我们应该充分发挥人的主观能动性,把它当作一面镜子,时刻提醒自己,在获得成功时要保持警惕,就能防患于未然。那么,怎么样才算是获得成功?既济卦又是如何定义的呢?

既济卦的卦辞(图141-2)是:既济,亨小,利贞,初吉终乱。

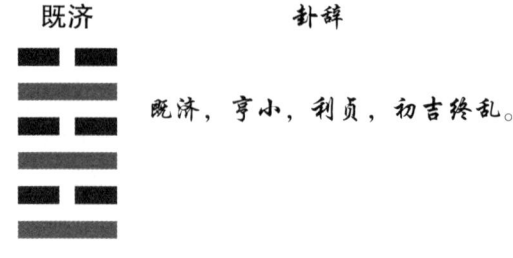

图141-2

第一百四十一集　守成艰难

关于"既济，亨小"，有这样几种解释：第一种解释，既然叫作既济，那么就表示一切都已经完成了。可是在这时候，往往都会还有小小的一点尚未完成，往往还有小小的、人尚未享受到完成的好处，如此就还不能叫作既济。我们说安渡彼岸的时候如果少了两个人，那么事情还是没有完成。第二种解释，做事情不能取大略小，如果我们认为事情已经大亨，那后面恐怕就凄惨了，因为得意忘形而大意失荆州，那么一下子就阴沟里翻船了，完成的事情也马上就变成未济了，由既济到未济往往是刹那之间就产生。之所以说"亨小"，就是为了让我们提高警戒。

"初吉终乱"也是一样的道理，当我们感觉一件事情完成了，应该告一段落了，但是事情发展到后面往往会越来越乱。其中的道理很容易明白，一件事情现在做好了，后面就开始出现变数。而这些变数，是越来越快，越来越多，如果我们不再调整的话，那么总有一天会不适应，最终导致"初吉终乱"。因此，我们一方面说成功为失败之母，一方面又说失败为成功之母，这两句话是同时存在的。但这并不是让我们在成功之后坐等失败，因为在"亨小"之后有两个字，叫"利贞"。"利贞"就是要遵循正当的途径，采取正当的手段，随时做好必要的调整，使自己合理，这样就会有利。由此也可以看出，这个"贞"的内涵是相当丰富的。

既济卦卦辞说，既济，亨小，利贞。"利贞"就是采取正当手段使它合理，但是怎么样才算是合理呢？《易经》的象辞是来解释卦辞的，象辞说：利贞，刚柔正而位当也。什么是"刚柔正而位当也"？我们从既济卦的卦象中，又能够得到怎样的启示呢？

既济卦象辞说：*既济，亨，小者亨也。利贞，刚柔正而位当也。初吉，柔得中也。终止则乱，其道穷也。*

"刚柔正而位当也"，这句话了不起，因为在六十四卦里面，只有这个既济卦，三阳三阴，每一爻都当位，初九当位，六二当位，九三当位，六四当位，九五当位，上六当位。在六十四卦里面我们找不到第二个卦是

这样的,其他卦多少都有几个爻是不当位的,最少也会有一个爻不当位。而既济卦六爻全部当位,所以叫"刚柔正而位当也"。既济卦的初爻与四爻阴阳相应,二爻与五爻阴阳相应,三爻与上爻阴阳相应。该相应的都相应了,该当位的都当位了,所以才会"利贞"。但是后面还有四个字,我们要常常放在心上:初吉终乱。

"初吉"是因为"柔得中也",也就是指六二在下卦之中,所以叫初吉。而终乱则是指上六,因为上六"无所往",它不知道自己该往哪里去了,所以它是终止之象。"终止则乱,其道穷也",所以"终乱"的意思就是"终止则乱",因为上六穷则变,变的时候一定会乱。

有人可能会有疑问,不是说穷则变、变则通吗?这种说法固然不错,但是在还没有通之前,会有一段时间是乱的,而且穷则变,并不能保证变则通。穷则变是必然的,但是变则通却不是必然的,通是需要很努力、很用心才能得到的结果。所以我们千万不要想当然,认为穷则变、变则通,那就让它穷好了,让它变好了,反正最后很自然就通了,这是没有的事情。"其道穷也",是指上六是阴柔的,到了穷困的时候,因为力道不足而无法变通,最后又进入未济了。所以既济卦的上六爻,就是未济卦的初六爻,因为它们两个是相综的。

既济卦表面吉利,实则暗含危机。因为既济卦的卦象,是上坎下离,坎是水,离是火,水往下,而火往上,正是人们常说的水火不容。水火不容的卦象,为什么能够既济?大象传是如何解释这一点的呢?

大象传说:*水在火上,既济,君子以思患而豫防之*。我们平时常说水火不容,那么就不能让水火直接去碰触,这样才可能会既济。所以水火之间一定要有一个适当的媒介,也就是适当的配套才能使事情完成。在既济卦里,水火不是相克,而是变成了水火相成,所以我们不能把相克看成固定的,其实水火之间的关系,是既相克又相成,这才叫《易经》。

君子看到这种自然现象,自然会感悟到一些道理:君子以思患而豫防

第一百四十一集　守成艰难

之。意思是指我们每一个人都要居安思危，都要事先防范，事先预防因事情处理不当而可能发生的祸患。如果凡事都能事先想好对策，到时候就拿出来，那么事情自然会很顺利。

水与火的关系是很难处理的，只要稍有不当，水就会把火浇灭了，或者火就会把水烧光了，既济也就无从谈起了。所以做任何事情都不能想当然，要完成任何事情，一定要事先做好沙盘演习，今天叫作可行性研判。在一件事情还没有开始之前，先要看看它的后果，同时想想用什么办法，可以把所有的后遗症防止，或者中途做一些调理，这样才叫作既济。

回过头来，我们再来看大象传。如果我们把既济卦的六个爻，凡是阴的爻都看成水，凡是阳的爻都看成船，那么船都在水的下面。未济卦的情况刚好相反，船都在水的上面。船应该在水的上面，还是应该在水的下面，完全取决于我们是怎么想的。如果船在水上，那么船就空空的了，什么都没有才会吃水量不足，连人都没有载的空船，当然就是未济了。反过来，船会沉到水里面是因为它载得很满，承载量很大的船才能够载人到对岸去，才能把事情做好，才能够既济。但是我们还要注意一点，就是万一吃水量太重了，整个船就会沉到水下去了。这样我们就知道为什么水能载舟、亦能覆舟，关键是要看船所载的量，看那个度合不合理。

在生活中，有很多船就是这样，在逃难的时候把所有黄金都放在船上，虽然船上人并不多，可是黄金比人还重，结果就沉到海里去了。但是，反过来，什么都没有了也不行，那就成了未济，一点既济的目的都没有达到。所以我们从既济与未济这两个卦中仔细体会，真的会体会到很多很深刻的道理。

《易经》的卦爻，从不同的角度看，就有不同的意思。一方面既济卦的六爻，三阴在三阳之上，可以看成船在水中，载重渡河，既济。另一方面，在《易经》中，阴爻在阳爻的上面，叫作阴乘阳，是一种不好的卦象。因为阳爻常常代表君子，而阴爻往往代表小人，所以阴乘阳可以理解为，小人欺凌君子。既济卦三阴乘凌三阳，三个君子都受到小人的欺辱，

这到底是好还是不好呢？

既济卦的六个爻，三阴在三阳之上，三阴乘凌三阳。三个君子都受到小人的欺辱，这件事情每个人有每个人的看法，在我看来当然是好事。如果君子没有受小人的侮辱，日子过得太安逸了，就不会长进，也就不成才，最后就不可能既济。所以上天从中做出了很巧妙的安排，对于君子，老天就会弄个小人在他上面，搞得君子没面子，生闷气，晚上睡不着觉。上天之所以如此安排，是因为只有这样，君子才会发愤图强，只有这样，才能够把君子的潜力激发起来，君子才能够成大事、成大业。我们看历代的忠臣，每一个都痛苦不堪，不是受老板的怀疑，就是受同人的打击。但是每次都打不败，最后他才能有那样伟大的成果，这是既济卦给我们最好的启示。

阴是小，阳是大，但是在既济卦里，每个小的阴爻都在大的阳爻上面，这就是小人欺负君子的意思。但是如果我们这样想的话，那最后的结果就不可能既济了。我们应该换个角度来看，小人是在帮助大人，小人是在成全君子。一个好好的人之所以会成为小人，就是老天要成全另一个人成为君子，为了让君子成就伟大的事业，才会有小人无理取闹，所以才会有小人给你难堪。君子有多大的能耐，都是被小人激发出来的，小人这样一激发，君子最后就成为大人了。

其实人生中最难过的那一关，就叫作忍辱关，被人家打个巴掌，就三天三夜不能睡觉的人，试问他还能做什么大事呢？在既济卦里面，这个含义是非常深刻的，有志之士如果不受到重大的刺激往往是不知奋发的。比如一个成了将军的人，在沙场上征战的时候，我们看到他无比英勇，可是又有谁知道，他从小就被父亲从早练到晚，从小挨打，不得不练，否则没人愿意受那么多苦，清清闲闲的日子过着多好！

通过以上的解说，我相信大家能够明白，《易经》再三告诉我们，君子不能去记小人的仇，因为没有小人的激发，君子不会有成为大人的那一天。"既济，亨小"，就是要告诉我们，大人与小人的磁场不一样，所以

第一百四十一集　守成艰难

大人才能够感化小人，才能够领导小人。如果大人与小人一样，那就不会既济了。民间有一句俗话：大人不记小人过。这句话的意思好像做大人永远要吃亏，其实不是，因为唯有我们这样做了，别人才觉得我们是个大人。我们看到许多大人完全可以把小人制服，但是他不动，因为大人一动手就变成小人了。这个道理在《易经》里面有很深层的含义，这个道理教会我们不要疾恶如仇，不要赶尽杀绝，唯有如此才是大人的肚量。

在太极图里面，我们可以看到阳中有阴，阴中有阳。同样在既济卦里面，我们也可以看到，阳中有阴，阴中有阳。那个阴就是小人，一个小人在一群君子当中发挥作用，把一群君子都变成小人。另一方面，一个君子在一群小人当中，十分辛苦地把一群小人都变成君子。小人变君子，君子变小人，君子变小人，小人变君子，既济变未济，未济变既济，如此才会循环往复，生生不息。

一切人都安度，一切事都完成，才叫既济。但是这个时候很容易得意忘形，天道恶盈，于是既济马上变成未济。所以既济卦的六个爻，严重警告我们：福过灾生。正在我们觉得自己很幸福的时候，幸福一瞬间就过去了；正在我们觉得自己很年轻的时候，年轻一转眼就不在了；正在我们觉得一件衣服很新鲜的时候，款式很快就不时髦了……所以我们要特别小心，福一过灾就生了。接下来，我们继续来讲：福过灾生。

易经的智慧・第一百四十二集

福过灾生

中国有句古话，叫作"富不过三代"。还有一个更形象的说法，叫作"眼看他起朱楼，眼看他宴宾客，眼看他楼塌了"。福过灾生后的凄凉固然令人叹惜，然而总结教训，积极改变，才是智者的高明。那么，到底是什么样的因素，导致了灾祸的发生？既济卦六爻的演变，给我们以怎样的借鉴呢？

第一百四十二集　福过灾生

我们先来看既济卦的初九爻，其爻辞（图142-1）是：*曳其轮，濡其尾，无咎*。虽然既济卦给我们留下了大功告成的好印象，但是初九爻的爻辞就提出很严重的警告。"曳其轮，濡其尾"，轮就是车轮，曳就是把车轮拖住，用现在的话就叫作刹车。因为初九是既济卦的开始，叫作成功在望。但是还没有完成，刚刚开始感觉成功在望了，因此就很容易激进，俗话说打铁要趁热，有这种观念的人很多，所以要学会踩刹车。

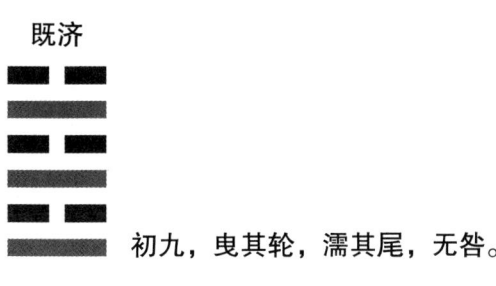

图142-1

初九是阳刚的，又处在成功的一个环境里面，就好比一个年轻人，一就业就在一家管理也好、福利也好、名声也好、什么都好的大公司，他会觉得机会难得，自己要好好表现，尽全力去冲刺。尤其初九爻跟上面的六四爻是相应的，就是上面有人看好初九。初九自己本来就想冲刺，现在又有人看好自己，自己又有能力，结果就会很急躁。可是一急躁就会顾虑失周，如此一来就会违反事缓则圆的大原则。这就是我们常讲的，锋芒毕露，会让年轻人吃亏的。因为一个人一旦锋芒毕露，他就会变成大家打击的目标。

初九爻的爻辞说"濡其尾",就是叫我们注意自己的尾巴。一个小狐狸在刚刚要渡河的时候,最需要小心的就是,自己的尾巴要翘起来,不要让它沾到水。因为尾巴一旦沾到水,就会往下沉,尾巴往下沉,狐狸也就游不快了。就好比一个人,本来是很有才能的,但是后面有人在拖他后腿的时候,他就跑不快了,也就没有办法按照自己的能力去表现。我们中国人常说的穿小鞋、扯后腿之类,其实就是从这里来的。一个人太过能干,就会有人装作没有看到他的才能,而且还会找机会把他的后腿拉住,或者制造一些小鞋子让他去穿,然后站在旁边看笑话。

当然这些都是小的方面,真正大的方面是指,一件事情眼看就要成功了,只要跨过最后一个栏就成为第一名了。可就在这个时候,不小心摔了一跤,这是十分可怜的,也是十分痛苦的。行百里者半九十,说的就是这个意思。到达成功的最后阶段,才是最要紧的,这个时候更要谨慎小心,千万大意不得。就好比一个人前面九十里都跑得很顺,都跑在前面,可是最后十里不小心受伤,或者晕倒了,又或者跌了一跤,最后落在后面,功亏一篑。所以初九爻告诉我们,如果坐车的话,一定要记住"曳其轮",不要让车子跑得太快,免得一下把目标冲垮了。这就是初九爻所要告诉给成功在望人士的一个守则。

我们在追求成功的道路上兢兢业业,好不容易取得了一定的成绩,这时候常常会受到一些小人的侵扰。面对这样的情况,我们该如何回应呢?

六二爻爻辞(图142-2)是:**妇丧其茀,勿逐,七日得**。"茀"就是首饰的意思。一个妇女有首饰,表示她是有身份有地位的,因为六二既当位又居中,同时还跟上面的九五相应。我们可以想象,如果一个贵夫人的先生出差了,或者她的先生在外面当官,那么就会有两个人经常来骚扰她,一个叫初九,一个叫九三。初九、九三对于六二来说,叫作近水楼台先得月,他们就先跟六二开玩笑,然后轻薄,动手动脚。举个例子,他半

第一百四十二集　福过灾生

开玩笑地抢走了贵夫人的首饰，这位贵夫人怎么办呢？她不能翻脸，因为翻脸很容易引起别人的风言风语，别人会觉得一定是你先去招惹人家了，不然人家怎么会招惹你呢？所以这位贵夫人只好"勿逐，七日得"，不要去找了，它自然就会回来了。

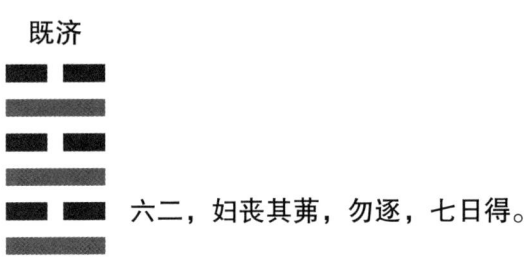

图142-2

我们看小象：*七日得，以中道也*。七日并不一定是刚好七天的意思，而是说用不了多久首饰自然就会被送回来。因为六二既当位又居中，而且上应九五，表示她的身份很尊贵。而初九、九三这样做迟早会引起公愤，大家自然会让他们送回来。这一切都是自然而然的结果，所以不用着急。

九三爻的爻辞（图142-3）是：*高宗伐鬼方，三年克之。小人勿用*。九三爻的位置是下离的上端，就是他的成功已经有了比较辉煌的成果，大家都看到了。

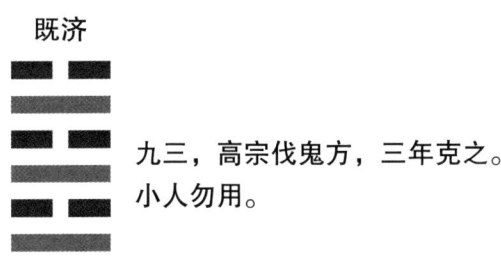

图142-3

高宗是殷朝的一个皇帝，叫作武丁，殷高宗武丁去征服鬼方，因为路途很远，所以打了三年。"三年克"，克就是说完成克敌这件大事，虽然事已经成了，但是元气大伤。这句爻辞告诉我们，从开始到现在已经十分接近成功了，但是自己也已经精疲力竭了，这个时候要格外小心，因为这时正是小人最活跃的时候。当一件事情还没有什么眉目的时候，小人是不会尽全力作乱的。因为他觉得事情还在草创阶段，还看不清楚成功的前景，所以不会尽全力作乱。小人都是在草创完成了，可以登场亮相了，而且预测未来前景广阔的时候，才开始表现。所以往往都是在事情有眉目的时候，我们会把小人引到自己身边来，所以要格外小心。

小象告诉我们：**三年克之，惫也**。经过那么长久的艰苦奋斗，就像跑到很远的地方去征讨敌人一样，就算最后获得了胜利，自己也是疲惫不堪的。但是如果在这个时候疏于防备，再加上自己在征战的过程当中，觉得某些人确实很好，那就会很危险。我们往往没有注意过，有些人为什么在快要胜利的时候，表现得比别人都好呢？因为他本质上就是小人。当然，我们觉得小人很好也没有错，因为我们自己的亲身感受就是这样。可是如此一来，我们辛辛苦苦取得的成功就危险了，因为从现在开始已经种下了很多祸端。

既济卦的卦象是上坎下离，离象征光明和希望，表示一个人，经过下卦三爻的努力，终于看到了成功的希望。可是上卦却是个坎象，象征着前途坎险。为什么即将获得成功的时候，却是最危险的呢？既济卦的上卦三爻，又给我们怎样的启示呢？

六四爻爻辞（图142-4）是：**繻有衣袽，终日戒**。爻辞让人比较不安，因为"终日戒"三个字非常严重，整天要戒备。

第一百四十二集　福过灾生

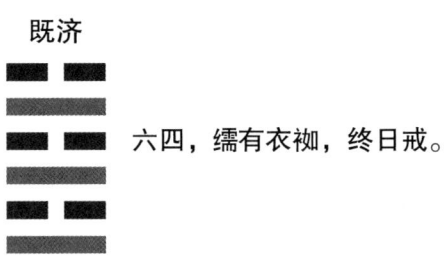

图142-4

我们在前面说过,既济卦与未济卦都是船在水上走。船在水上走可能走得很顺利,很快就到达了目的地,也可能中途碰到台风、暴风雨,或者船漏了,所以将要成功的人就要防患于未然,在船上就要准备一些备用的棉絮,在这里就叫"衣袽"。把它存放在船上,万一发现哪里漏了,就赶快用棉絮去塞住。而且每天都要警戒,万一船漏得很大的时候再塞就塞不住了。这也是告诉我们,当我们觉得一切都没有问题的时候,就会忽略小问题,结果功亏一篑。

这样的例子在生活里是很多的,比如我们去向远方订货,远方打电话说货物已经装船出发了,可是货船却很久都没有到,最后才知道原来是船沉了。之所以"终日戒",是因为这个六四虽然当位,可是它的下面有九三,上面有九五,一阴处于两阳之间,就好像漏船航行在水上,随时都可能会沉没。

小象说:**终日戒,有所疑也**。"疑"就是忧心,担心船上的东西会不会被小偷偷掉,会不会碰到海盗船,会不会半路漏水沉了,一大堆需要担心的问题。成功之路充满了坎险,没有哪条成功之路是一帆风顺的。

经过前四爻的兢兢业业,终于来到了既济卦的九五爻,九五爻是既济卦的卦主,象征着功成名就。成功固然令人欣喜,但是如果处理不当,很快就会乐极生悲。那么,我们应该做好怎样的心理建设,来迎接成功的果实呢?

九五爻爻辞（图142-5）是：**东邻杀牛，不如西郊之禴祭，实受其福**。九五是既济卦的卦主，"杀牛"的意思是用很丰厚的祭品来祭天，"禴祭"的意思是用薄礼来祭拜。"东邻杀牛"，是指商纣王，因为商纣王掌握着全国的资源，所以他祭宗庙、祭天都是杀整牛的，祭品丰厚得不得了。"西邻"就是指文王，文王用最微薄的祭品来祭祀，但是商纣王杀全牛祭祀，倒不如文王这个薄的祭品"实受其福"。"实受其福"，就是会实实在在地受到天神的降福。之所以会这样，是因为天神只在乎人们祭祀的诚意，而不在乎祭品的厚薄。换言之，天神只在乎人们的精神层面，只看人是不是很虔诚，是不是很善良，是不是很光明正大。对于虔诚的人，天神就会帮忙，因为祭祀的东西再好，天神也不能吃，所以只看人们的精神层面。

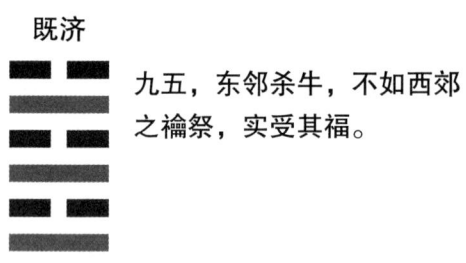

图142-5

小象说：**东邻杀牛，不如西邻之时也。实受其福，吉大来也**。其中"时也"就是孔子所讲的"时也命也"那个"时"，"时"就是指时运不同。一个人时运不同，心态就不同。九五爻就是在提出警告，当我们成功之后，祭品变得丰厚了，排场变得铺张了，同时也要让所有人都知道，我们不是招摇炫耀。在心态上能够保持原来的样子，大家自然会慢慢了解我们的诚意，这时候才能够真正地"实受其福"。一个人如果能够做到不因为"时"的变动，而有不同的心理表现，那么这个人就会"实受其福"。

在生活中，每一个人都会注意我们的行为，如果我们穷的时候是一个样子，富贵的时候又是另一副样子，穷的时候跟左邻右舍都打招呼，稍微

第一百四十二集　福过灾生

有一点成就，便谁都不理了，这就会让别人感到很难受。所以在既济卦九五的小象里面特别提醒，"吉大来也"。之所以能够"吉大来也"，是因为虽然已经达到很兴盛的状态了，但是不会在物质上去浪费、去摆阔，而是仍然在追求精神上的东西，体悟内心的喜悦。同时还要注意到"亨小"，因为现在九五的眼睛只看到天神，如果不能注意到其他的方面，那很快就未济了。

社会上有很多人，在成功来临时，没有妥善应对，结果很快就急转直下，昙花一现。既济卦的上六爻，就是对这种现象的写照。那么，上六爻是怎么说的？我们从中又能吸取哪些教训呢？

上六爻爻辞（图142-6）是：濡其首，厉。在庆功宴上大家喝酒，结果连头都进到酒坛里去了，可见尾巴也在里面了，所以"濡其首"就是全身都落水的意思。在现实生活中，当我们有一条船快要靠岸的时候，一定会兴高采烈，觉得这一批货物安全到达，自己终于可以赚很多钱了。于是当天晚上就要到酒吧去一醉方休，结果一个大意掉到水里面去了。"厉"是因为上六在九五之上，已经超过了既济，要进入到未济了，当然是"厉"。

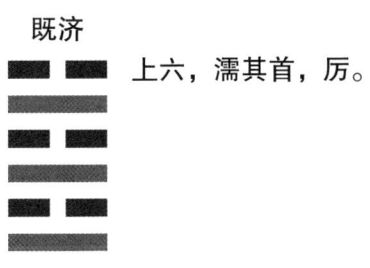

图142-6

如果我们把上六的"濡其首"，与初九的"濡其尾"对应来看，就会发现，刚开始还只是要注意尾巴，因为那时不会掉到水里面去，头不会濡

湿，可是现在连头都掉到水里面去了，所以叫作"终乱"。这就叫因果，但是这个因果并不是固定的，如果因果是固定的，那我们没有必要动了。我们要知道，一个因可能产生好几个果，一个果追究起来有好多个因。在这里我要再强调一遍，未济不是既济的延续，千万不要觉得成功后面一定是失败。上六爻是给我们一个补充，提醒我们如果成功了，一定要爱惜自己的成果，千万不要挥霍、铺张，唯有如此才能够确保自己的成果。在心里头有未济的一种准备才不会终乱，终乱是可以避免的。

看完既济卦就知道，经常成功的人都会告诉自己，只快乐一个晚上，明天开始还要过正常的生活。如果三天三夜狂欢，最后酒醉误事，酒后乱性，不仅让别人看了不顺眼，而且造成的恶果只能自己承受。所以我们一定要记住审慎进取，一个人一定要进取，但是要审慎。下一讲，我们就要进入未济卦的讲解，让我们一起来看看怎样才能够：审慎进取。

易经的智慧・第一百四十三集　审慎进取

未济卦是《易经》六十四卦中的最后一卦，它和既济卦代表着盛极而衰的过程。既济卦象征成功，而未济卦则寓意衰败。然而《易经》也告诉我们，任何事物的发展规律都是循环往复的，正如盛极必衰、否极泰来。那六十四卦又为何会把象征衰败的未济卦，排在最后一位？这种卦序的排列，又有着怎样特殊的含义呢？

第一百四十三集　审慎进取

乾卦和坤卦，其实相对很简单。它们之间只有一种关系，叫作互错。但是既济和未济两个卦，就相当复杂了。因为它们不仅互为错卦，而且互为综卦，同时又互为交卦（图143-1）。在六十四卦里面，这两个卦的关系格外密切。对于这种情况，我们可以根据《易经》的原则，简单的要复杂化，而复杂的要简单化来加以理解。

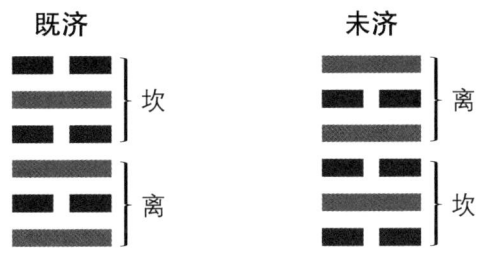

图143-1

怎么简单化呢？既济卦与未济卦，都是由坎卦与离卦组成，只是位置交换了一下，结果就变成了不同的卦。

我们先看既济，既济的上卦是坎卦，下卦是离卦。既济所代表的意思就是已经成功在望了，眼睛所看到的都是光明的景象。可是，如果走错一步，就进入坎险。我们举一个简单的例子，一个人没有成名的时候，一般都很谨慎，生怕说错话得罪人，也怕做错事阻挡前程。但是一旦成名，讲话就很随便，好像什么都懂，这样就会得罪很多人，这种人太多了。人们常常讲盛名之累，其实这都是为自己找理由，盛名有什么累的？自己找麻烦才会累。我们要看清楚，既济的卦象是内离外坎，如果内心觉得已经功

成名就了,那就很难看到外面是一片坎险。外面有很多人要找我们的缺失,甚至很多人想推翻我们,更甚者很多人想取代我们,这也是难以避免的事情。

反过来说,未济的卦象是内坎而外离。内坎就是身处险境,人在挣扎,虽然外面一片光明,但是自己都不能脱离险境,外面的光明也没有什么用。也就是说,一个人身处险境时,除了救自己之外根本没有能力去救别人。自救尚且不暇,怎么可能分出精力去救别人呢?人在这种情况下反而会格外谨慎。所以未济不是不济,相反它是充满了希望,只是还没有成功而已。

由此我们也可以领悟到,与其早成功,不如晚成功。把道理讲得再直白一点,晚成功的人想乱讲话也没有什么机会了,因为他的体力已经很衰弱了,在来日无多的情况下还去跟人家争名斗胜干什么呢?反而是那些年纪轻轻就成名的人要小心,年纪轻轻就成名了,往往到处去找人比试、争斗,这样做是很危险的,因为人外有人,天外有天,天下没有总是一个人获胜的道理。

  与其早成功,不如晚成功。
　　　　　　　　——《易经》的智慧

不济是不可能的,未济是经常存在的,所以《序卦传》说:**物不可穷也,受之以未济终焉**。一个人不管有多少法宝,总有用尽的一天;不管有多少钱财,总有花光的一天;不管盖什么样的豪宅,总有不见的一天。以未济卦作为《易经》六十四卦的最后一卦,就是要告诉我们,一切都是循环往复、周而复始的。只有循环往复,人类才能够生生不息;只有周而复始,人类才能有未来。

《易经》提醒我们,任何事物都是周而复始、循环往复的。所以,未

第一百四十三集 审慎进取

济并非不济,只是还没有成功而已,不仅如此,未济卦还充满着无限的希望。那么,既然未济卦潜藏着无限的发展生机,为什么还会陷入"无攸利"的困境?未济卦是否真的能引领我们走向成功呢?

未济的卦辞(图143-2)是:亨,小狐汔济,濡其尾,无攸利。"小狐汔济",就是指将要成功的时候。小狐狸拼命挣扎,费尽全力,终于要到达岸边而接近成功了。这个时候"濡其尾",尾巴湿了。从尾巴湿可以知道头也掉进去了。"无攸利",最后一无所成。

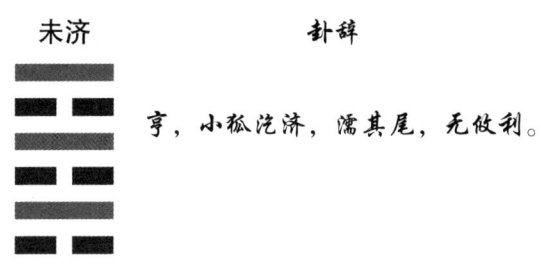

图143-2

读了未济的卦辞,我们应该知道,小狐狸的力气是有限的,想要渡河,首先要自我量力:如果这个河太宽了,没有办法过去,那就再锻炼锻炼,等等时机,长大一点再说。如果现在已经渡了,那就要竭尽全力,比别人更加谨慎,以避免眼看着快要到了的时候,因为一高兴整个身子沉下去了。所以要比别人更谨慎、更小心、更忍耐,不能让尾巴湿了,要想尽办法保护自己。能做到这样就会有所利,不可能无攸利,所以无攸利也不是说绝对无攸利。如果把无攸利理解成绝对的话,未济就是毫无希望了,那是不对的。

未济卦虽然充满希望,但是,当我们能力不足时,难免还是会遭遇失败,陷入"无攸利"的困境。那么,我们究竟应该怎样做,才能打破未济卦"无攸利"的限制,回复到既济卦的成功状态呢?

未济的象辞是：未济，亨，柔得中也。小狐汔济，未出中也。濡其尾，无攸利，不续终也。虽不当位，刚柔应也。"濡其尾"就"无攸利"，因为"不续终也"。"不续终"也不是说游不到就放弃，而是要继续努力，坚持到底，这样才可以打破无攸利的限制，最后还是可以有所成就的。

由此可见，《易经》每个卦都是给我们以鼓励，叫我们绝对不要放弃任何微小的机会。未济的象辞最后一句是"虽不当位，刚柔应也"，就是说虽然这六个爻，没有一个爻当位，但是还有个可以利用的，那就是"刚柔应也"，初六应九四，九二应六五，六三应上九（图143-3）。我们要把这个优势发展出来，要坚持"不续终"。"不续终"就是永远不要放弃，虽然还没有成功，甚至距离成功的目标还相当遥远，但是我们一定要充满了希望。千万不要认为未济就是没希望，如果我们自己放弃，那就叫自暴自弃。如果能够换个角度思考，虽然现在还是未济，但是只要想办法去找出当前的缺失，并且及时调整，还是很快会回到既济。

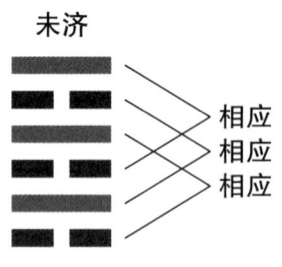

图143-3

一个人到了既济的时候，形势大好，反而要加倍小心，因为一不小心又掉到未济了。这样的教训太多了，很多人辛苦奋斗了很久，好不容易成功了，结果不到几个月又败下来了。大家看小虫爬树也是一样的，爬爬爬，掉下来，爬爬爬，掉下来，爬爬爬，掉下来……鹅在水上游，想找石头踩到岸上去，一脚踩上去掉下来，一脚踩上去又掉下来……人生也是一样。

第一百四十三集　审慎进取

　　大象传写得很明白：**火在水上，未济。君子以慎辨物居方**。未济是因为位置不对，火是向上的，水是向下的，两个根本没有交集。既济卦水在火上，火可以把水烧成开水；而未济卦的水在下面，火在上面，互相不接触，这样就不能完成任何烹调的作用。

　　既济卦和未济卦是六十四卦当中，关于盛衰循环的两个卦象。既济、未济随时都有可能会发生转换，但是，由衰入盛难，而由盛转衰却是顷刻之间就有可能发生的事。那么，我们究竟怎样才能做到，既能创造和坚守胜利果实，又能避免走向衰败呢？

　　君子看到未济的景象就觉悟了：君子以慎辨物居方。意思是说要好好去看一看，自己跟谁是同道，因为物以类聚，人以群分。物都是讲同类的，猫跟猫、狗跟狗，猫很少跟狗交成朋友。我们交朋友，也要先看看同不同道。当然不是说不同道就要打击他，跟他划分界限、永不来往，因为同道不同道，也是会变动的。我们要很慎重地去辨明这个物同不同类，这个人跟自己同不同道，同时我们要把它安排在合理的处所，"方"就是处所。现在不用的一类我们把它摆远一点，现在要用的一类，我们把它放近一点。跟我们同道的人，我们想办法跟他多来往，不同道的人我们就敬而远之。

　　其实"君子以慎辨物居方"真正的用意是说，当我们看到自己还是未济，觉得水火没有作用的时候，不能把这种状态当作一种常态。如果把它当作一种常态，那就永远没有作用，那就是无攸利。我们一定要把这个无攸利变成有所利，这样才对。要做到这一点，我们就要改变限制自身成功的那些缺点，要去思考事情之所以做不好、做不成的问题在哪里，同时还要想办法去化解，这才叫善处未济。所以未济是未定的意思，是没有完成，不是不能完成，因此我们不能停止。当然，不能停止也有个条件，就是这件事必须是应该做的，如果是不应该做的事，趁早停止，不然就会自找麻烦。

未济的目的，是促使我们持续不断地走向既定的目标，克服困难，突破障碍，然后自我成长。但是最后还是要告诉我们，只能尽人事，至于结果则要听天命。所以未济的象辞再三强调"无攸利"。有没有利是上天的安排，就算没有结果，该做的我们就必须要做，因为经过这个过程，我们会得到很多。

> 有没有利是上天的安排，就算没有结果，该做的我们就必须要做，因为经过这个过程，我们会得到很多。
> ——《易经》的智慧

未济卦虽然是六十四卦中的最后一卦，但并不是事物的终止。它象征着万物的循环发展和生生不息。但是，事物发展到不同时期、不同阶段，都会遭遇不同的状况。那么，在不断变化的环境中，我们又该怎样调整，才能化解问题，获得成功呢？

我们常常讲阶段性调整，人生就是阶段性调整。孔子告诉我们，十五岁才能够志于学。《易经》里面第十五卦就是谦卦。一个人不谦虚是学不到东西的。所以小孩子学到一点就喜欢表现，觉得自己懂得很多，然后就想考倒老师，从而看不起老师。这就是谦卦没有学好，只有把谦卦学好了才算是真正在学。小孩子是不懂得谦的，这就需要家长告诉他：没有一个人是全懂的，老师也不例外。如果你有什么不懂的可以去问老师，但是老师可以回答，也可以不回答。也许老师要回去准备一下，查一查资料再说。这样一来，小孩子就慢慢懂了，然后他自己就会知道，对于自己不懂的问题要怎么问。千万不能打破砂锅问到底，最后把别人考倒，如果这样的话，以后没有人喜欢回答你的问题，最后吃亏的还是自己。

三十而立，第三十卦就是上经的最后一卦——离卦。离卦是指我们最起码要对自然的现象有所了解，自己已经看到事情光明的一面，觉得这样走下去是没有错的，因为那个目标是光明正大的，并且已经出现了光明的

第一百四十三集　审慎进取

景象。在这种情况下，我们当然可以立定为人处世的原则，目标也可以立。否则我们是无法立的，如果立在了不对的地方，结果会是很惨的。

四十而不惑，第四十卦是解卦，就是解惑了，所有的惑都被解了，所以叫四十不惑。

五十而知天命，第五十卦是鼎卦。人到了五十岁一定会敬天，因为他知道自己的成就都是老天给的，没有老天给我们，可能就是无攸利。今天我们更要虔诚地来谢天，这样才会不惑。否则的话，人要惑太容易了，尤其现在各种资讯都有，各种话都有人讲，什么事情都有人敢做。最后，我们就会去怀疑：我这样对吗？这就是因为心中没有天，叫作无法无天。

六十而耳顺，一个人要做到耳顺实在是太难了。《易经》中第六十卦是节卦，就是说人要知道节制自己。人到了六十岁耳朵已经严重地退化了：要么听不见，要么听不清楚，要么听错了，要么先入为主。这样一来，不管人家讲什么，我们都是想象自己听到就是这个，主观地去判断一切，这是后果非常严重的事情。

最后孔子说，七十而从心所欲不逾矩。把《易经》六十四卦读完了还做不到从心所欲这一点，那就还要靠自己去不停地完善，不停地领悟。把所有卦结合起来看到它们的内在联系，最后才会豁然开朗：原来是这样子！那时候才有本事从心所欲，同时又不会违反自然的规律。

我们在解卦时，经常是不按照字面来解释，也不按照卦辞来解释，这样我们才了解，为什么孔子最后讲不占而已矣，他告诉我们，占卜只能做参考。我们把既济、未济这两卦看清楚了，就会发现：如果上下一倒换，既济就变未济，未济就变既济，未济与既济的差别太小了。所以我们可以很轻松地讲，既济与未济这两卦就是告诉我们，人生就是水深火热。

当你处在水深之中时，羡慕火热，会觉得这时候有火来烤多好！可是当你想尽办法脱离水深，投入火热以后，你又很后悔，觉得在水里面还凉快一点。然后又是水深火热，水深火热，至死方休，没完没了。如此看来人生不是很痛苦吗？这就看你怎么想了，你认为人生很愉快，那么它就很愉快，因为我们有这么多事情可以做，虽然很艰辛。其实任何一个艰难险

阻，都是我们学习的对象，如果我们没有经历过这件事情，就只能从书本上去学，只能用想象，但是不踏实。经历过我们才知道，原来不是书里面所写的那么轻松，不是别人讲的那个样子，书本里的和别人讲的差得太远了，如此一来你就很愉快了。

所以我们千万记住：当处于既济的时候，不要大意，不要得意忘形。当处于未济的时候，不要放弃，要继续努力。这就是既济、未济给我们最大的启示，四个字而已——永怀希望。接下来，我们就要从六爻的变化来分析一下，为什么未济卦是永怀希望。

易经的智慧・第一百四十四集　永怀希望

俗话说：祸兮福之所倚，福兮祸之所伏。事物都是对立统一、循环往复的。就像福可转为祸、祸可转为福一样。未济卦和既济卦之间也会相互转化。因此，未济卦虽然位列六十四卦的最后一卦，但并非终结，而是充满希望，随时都有可能转化为既济。那么，未济六爻究竟是如何演变转化的？当苦尽甘来获得胜利之后，未济卦又会给我们提供哪些牢守成果的方法呢？

第一百四十四集　永怀希望

未济卦初六爻辞（图144-1）说：濡其尾，吝。未济的六个爻可以从不同的角度去解释，初六爻是不当位的，而且在下坎的最底层，当然是很不安的。可是它不认输，中国人都是不认输的，我们的眼睛老是往上看，所以初六爻往上一看，看到上面有九四，初六爻觉得九四跟自己相应，但是没有想到的是九四也不当位。九四既不居中又不当位，它也很难帮上初六的忙，恐怕只能帮倒忙。但是一般的人不会想那么多，总觉得自己有机会，什么也不管，先做了再说，结果就是"濡其尾，吝"。"吝"就是不量力而行，"濡其尾"在这里表示全身都湿了，不只尾巴浸到水而已，所以才会"吝"。如果只是尾巴浸到水那是很简单的，动物只要跳起来抖两下就干了。所以初爻的"濡其尾"就是告诉我们，从头到尾都湿透了，都浸到水里面去了，它的位置就是坎卦的最底层，终究没有作用了。

图144-1

阴柔在下，又不安分，抓住那个九四的绳子又不可靠，所以小象说：濡其尾，亦不知极也。这个"亦"就是太的意思，太不知道自己的极限了，太不知道自己的能力了。很多人在接受别人的请托时，会毫不犹豫地说我来我来,甚至于一件事情还没有轮到他的时候,他就迫不及待了。最后搞得自己全身都沉没在水里头,太不知道极限了,过分相信自己,最后大家都看笑话。

九二爻辞(图144-2)是:*曳其轮,贞吉*。这个"曳其轮",在既济卦里面也出现过,就是踩刹车。但是这一卦本来就未济了,还要踩刹车,不是很奇怪吗?所以这里的"曳其轮",跟既济卦的"曳其轮"并不完全一样。既济卦的"曳其轮",是在前面踩刹车减速才安全,而未济的九二爻是以阳爻居阴位,因此很可能会过刚,认为自己已经浮起来了就往上走,结果体力不支。所以这里的"曳其轮"的解释,就是踩刹车来挫一挫九二爻的锐气,使它不要那么激进才会贞吉。因为未济卦是以求终为贞,能够保存自己不被灭顶才可以贞。现在有前功尽弃甚至灭顶的可能,所以在刚浮起来的时候不要过分冒进,而且还要再忍耐一点,等待救兵,以求得善终为贞、得正保终为吉。作为九二爻需要坚持自己的原则,保存自己的体力,不要再制造问题,同时保持缓进而不是急进的状态,因为虽然现在已经浮起来了,但自身还是处于未济的情况之下。

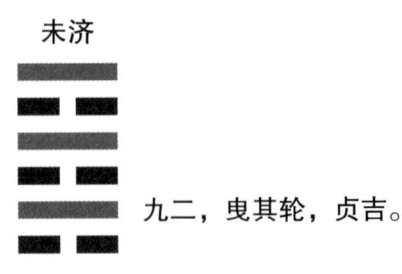

图144-2

九二的爻辞告诉我们要忍耐。我们再来看看象传的说法。小象说:*九二贞吉,中以行正也*。九二爻是强臣,上面六五爻是弱主。如果是强主弱臣的情况就很简单,弱臣听话就好了。可是现在倒过来,主弱臣强,那就需要强臣行得正,不为偏邪所引诱。在这种主弱臣强的情况之下,强臣是很容易被引诱的,老板都要听他的话,做臣子的就很可能胡作非为,结

第一百四十四集　永怀希望

果就不贞吉了。

之所以能够得到贞吉，完全是因为九二在上下两个阴爻当中，虽然身处坎险，但是始终坚持合理行为，不为任何偏邪所引诱。

未济卦的下卦是坎卦，象征坎险。所以当我们身处初始阶段的时候，必须做到稳扎稳打，不断努力，才会贞吉。而六三爻已经来到了坎卦的上爻，马上就要脱离坎险，胜利在望了，但是这时却突然遭遇了"凶"的局面。这是为什么？置身此处的我们，又该怎样才能避免凶祸临头呢？

六三爻辞（图144-3）是：**未济，征凶，利涉大川**。六三的情况又与九二不一样了，六三是险难之末，已经浮到水面上来了，这个时候有脱险的机会，所以要倍加小心。虽然还没脱险，但是脱险的机会已经快到了，最后关头更不能大意，如果因为大意而失掉机会就更加可惜。同时因为有上九在相应六三，所以六三就想要做最后冲刺，却不知道上面还有一阴一阳阻隔在那里。这样一来，六三是没法迅速爬过去的，所以"征凶"。但是"征凶"不是完全没有希望。

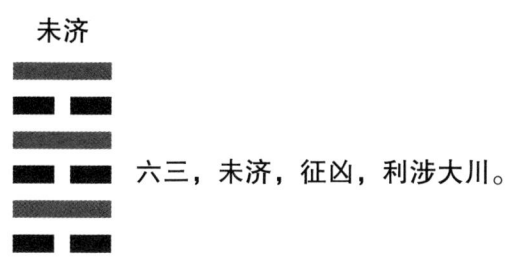

图144-3

同时六三的爻辞里还有两个字——未济。这个未济卦里面，只有六三的爻辞特别指出"未济，征凶"。就好比一个很会游泳的人从很高的地方跳下来，一跳下来才知道水里头有漩涡，然后掉进去浮不起来，这就叫作"未济"。到了"未济"的境地，不管再怎么挣扎也上不来，因为就在快浮出来时精疲力竭了，结果功亏一篑。所以在九二时要适当地保存体力，浮起来的时候看清楚哪里是安全的，计划好要怎么走，这个时候再上来才对。

现在的情况，往前走是凶的，可是爻辞后面又加上"利涉大川"四个字，这不是自相矛盾吗？

在一般情况之下，当我们身处险境时，上面有人抛一条绳子下来，当然要马上抓住，越早脱离险境就越好。但是在六三的这种情况之下不要冒险，要时刻记住未济。未济就是体力也不济了，需要稳扎稳打才行，如果眼睛只看到上九而冒险往前冲就会凶。相反地，需要我们跟着九二的精神去学习它的沉稳，记住"曳其轮"就可以"利涉大川"。这样我们才知道，为什么六三的爻辞里特别加上"未济"这两个字。

六三爻就像是人生的十字路口：过度冒险、过度激进，有可能会凶祸临头。而稳扎稳打、扎实前进则可以利涉大川，一路顺畅。那么，当我们从充满坎险的下坎脱离出来，进入到上离，是不是就真是前路无阻、一片光明了呢？未济卦的上卦又给我们提出了哪些警示呢？

九四爻辞（图144-4）是：**贞吉，悔亡，震用伐鬼方，三年有赏于大国。**

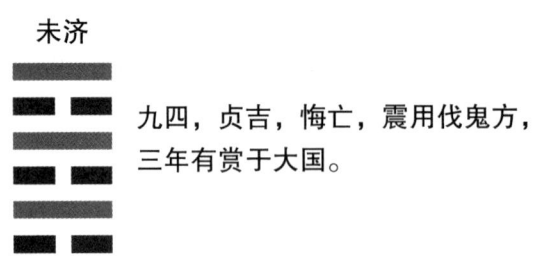

图144-4

九四爻已经脱险了，所以它的爻辞一开始就是"贞吉"。"贞吉"的意思是，持续走正道就很顺利，不需要再摇摆不定了。九四居阴位，本来

第一百四十四集　永怀希望

是失位有悔的，但是因为"贞吉"，所以"悔亡"，"悔亡"就是没有悔。下面的爻辞又说"震用伐鬼方"，"鬼方"就是外面很远的、不服我们的人。"震用伐鬼方"的意思是说，一个人要保持他自己的原则，不要盲目学习别人而迷失了自己。同时，一个人应该把自己的能力用在攘外方面，而不是搞内斗。"三年有赏于大国"的意思是说，这样一来就会得到很大的奖赏。但是这并不是绝对的，因为九四上面是六五，九四叫作近臣，也叫作重臣，而六五因为比较弱所以就叫作弱主。本来应该是阴爻之位，要顺从君位的，但是现在臣强主弱，难免就会功高震主，一功高震主就会为主所忌。所以这里很明显是告诉我们，九四要把功高震主的这股力量，拿去征伐外夷才能得到信任。作为重臣的九四，对内要让领导对自己放心，对外要有能力去征服那些顽劣的"鬼方"。这样当然会得到很大的封赏。

但是得到封赏的同时还有一个更麻烦的事情。如果只知道"贞吉"，认为自己已经脱险了，看到光明了，从而开始把所有力道都表现出来，也不管自己上面是弱主六五，那一定会功高震主。功高震主就会成为六五眼中的"鬼方"，那就更可怕了，因为很多人都没有想明白自己的能力应该表现在哪里，如果时位不对，结果就未济了。本来一个人有能力是要表现的，目标也正确，方法也正确，那当然是既济。但是，之所以会造成未济的结果，是因为老板看到你有能力之后，就开始注意你如何表现自己的能力，如果你冲着老板来，那你就成了"鬼方"了。

这样一来，老板马上就会翻脸，"三年有赏于大国"就根本无从谈起了。所以小象说：**贞吉，悔亡，志行也**。九四很有能力，但是有能力的人也是很麻烦的，作为老板想重用九四，总嫌他表现得不够。那些没有能力的人老板不会去要求他们，但是九四有能力却不好好表现，老板就会觉得可恶。可是九四一表现，所有同人都会心生怨恨，他们觉得九四这样努力表现，会把大家都抛在后面，只有九四一个人得到老板的赏识。这样一来，九四的结果也是未济。

回过头来我们看九四的小象，其实就是在解释为什么它会"贞吉，悔

亡"。其实九四本来是有悔的,但是它可以通过自己的努力达到"贞吉,悔亡",就是因为后面还有三个字,叫作"志行也"。"志行也"就是自身行得正,没有私心,就算大家一时有误会,最后也一定会明白事情的实际情况的。除此之外,九四无路可走,因为如果九四不表现,所有人都怀疑他的能力,可是太过表现,又会引起其他人的嫉妒,九四就处在这样一个很尴尬的位置。老板越相信九四,来请托的人就越多,答应也不对,不答应也不对,这就是九四很为难的地方。当所有人都在黑暗当中的时候,大家会精诚团结,不会互相指责;可是一旦有了光明,有了好处,就会互相生出嫌隙来,这时候我们没有别的办法,唯一的出路就是坚持自己的原则。"志行也",一个人意志很坚定,能够不受任何诱惑而改变初衷,最后大家才会明白事情的真相,除此以外没有别的路子。

进入九四爻,就开始了未济卦向既济卦的转换,虽然并非一帆风顺,但仍旧是取得了吉祥的结果。那么,作为君主的六五爻,又是如何发挥它的作用的呢?

看到六五我们就想到一句话,燃烧自己照亮别人。离卦当中那个爻之所以是阴爻,就是因为它被燃烧得快断掉了,而旁边的光明,都是借它自我牺牲而来的。由此可见,六五是在以柔行刚。

六五没有办法表现它的能力,但是它仍然有办法获得贞吉。我们看六五的爻辞(图144-5)就会清楚了:**贞吉,无悔。君子之光,有孚,吉。**

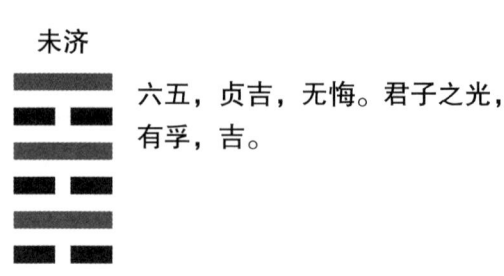

图144-5

第一百四十四集　永怀希望

大家看六五是领导，可是六五又那么柔软，很可能会有很多的股东欺负他。而六五唯一的办法，就是发挥自己的"君子之光"。什么叫"君子之光"？就是谦让的风度，这就叫作"君子之光"。

这样大家就明白，为什么做老板的人，在没有摸清楚环境的情况之下都很低调，就是这个道理。开会的时候，老板一般会有两种做法：一种是大摇大摆地去坐到很显著的位置，让大家搞不清他是谁，说不定还把他请到旁边去坐，那就完全丢脸了；可是有些老板会躲在旁边，然后看清楚环境到底是怎么样的，他心里想，该我的跑不掉，自然有人请我，我急什么？这就叫作谦让的修养。

"有孚"的意思是说，只要一个人深孚众望，那就完全没有必要着急。人最怕就是没有威望还要强出头，用显摆的姿势是没有用的。只要不负众望，大家心目当中有你，那么能力再弱也不怕，因为大家会觉得你是因为谦虚，而不是因为不能干，所以自然就"贞吉"，这个时候就"无悔"。

其实六五本来是有悔的，要处理得好才会"无悔"。小象说得清楚：**君子之光，其晖吉也**。"晖"就是光彩，也就是太阳的颜色，冬天的太阳是温暖的，可是夏天的太阳却是可怕的。所以六五要考虑清楚，同样是太阳，自己到底是希望做夏天的太阳，还是希望做冬天的太阳？

夏天的太阳，大家怕得要命，当面什么都不敢讲，然而背后都会议论纷纷，说这个老板太霸道。我们看历代有多少帝王都是霸王，霸王的结局都不会好，因为他们不懂得尊重别人。我们再来看冬天的太阳，如果一个人在冬天的阳光里享受了半天，但是还没有感觉到太阳给自己好处，那这个人就要自己去好好反省反省了。

有"君子之光"才会得到下属的全心全力投入、分工合作的协助，这就是六五无比的光辉，而不是本身发出什么力道，最后就可以"贞吉，无悔"。"君子之光"要靠修养，它是职位所不能给予的。

通过初六爻到六五爻的坚持和努力，未济卦最终才能实现向既济卦的转换。但是，既然未济能够转化为既济，那么既济也同样随时能转化回未济。我们如何才能守住来之不易的努力成果？未济卦的上九爻，给我们提出了哪些坚守果实的方法呢？

上九的位置已经到头了，表示险难已经过去，国家太平了，一片光明，于是大家都很和乐。我们看上九的爻辞（图144-6）：**有孚于饮酒，无咎。濡其首，有孚失是。**

这个很妙，因为这个时候正是喝酒唱歌、举国同庆的时候。可是一旦这样，祸患就再起了，因为歌舞升平以后，人就完全没有斗志，就把过去那种奋斗的精神一扫而光。所以我们千万要时刻提醒自己，因为人类是健忘的动物，如果能够把以前的教训都记得的话，人类绝对不会乱来，可是人类往往会把以前全都忘记了。

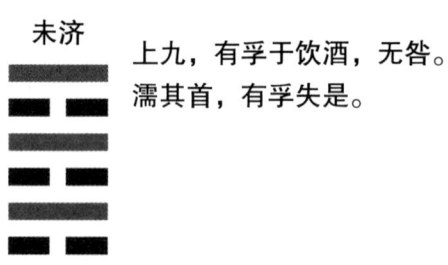

图144-6

从小到大，我们得到的教训是很多的，比如骑脚踏车没有不摔跤的，不摔跤根本学不会；再比如下象棋没有不输的，不输就不会下。所以无论人们干什么都是从挫折当中学会的，都是从未济当中走向既济的。但是最可怕的就是人们一旦走上既济，就把未济那一段整个忘光，学费白交了，苦头白吃了，经验全忘光了，最后吃亏的还是自己。

"有孚于饮酒"，取得了成绩以后大家一起庆祝，饮酒取乐。这样做也没什么错，庆功宴有什么错呢？可是如果东一次庆功宴，西一次庆功宴，最后大家把庆功宴当成公司的根本了；好比才开工一个月，开会的时

第一百四十四集 永怀希望

候就有人提出来,今年要去希腊旅游,那不把老板气死了才怪。这种情况就叫"有孚于饮酒",可是爻辞说"无咎"。"无咎"就是本来应该这样子,所以无咎。但是爻辞接下来说"濡其首,有孚失是"。就是当一个人太过分了,不知不觉地沉陷在饮酒之中的话,最后又连头带尾都湿了,这次不是泡在水里头,而是泡在酒缸里边了。这样一来就根本没有办法脱险了,不管这个人曾经多有声望,这次也全没了。

所以小象说:*饮酒濡首,亦不知节也*。我们可以看到很多人都是这样的,一旦事业成功了,然后就天天去喝酒,觉得自己钱花不完,等到回过头来才发现一切全被自己搞垮了。这完全是因为不知道节制,因为养成坏习惯以后,再想回头是非常困难的。尤其是赌博,赌博的人永远是上台容易下台难,输了还想翻本,赢了还想多赢。赌博就是个无底洞,赌到最后又到下面那个坎卦,又从最低的初爻开始,这就是为什么说这里的上爻也就是初爻的原因。可是未济的这个初爻是很不幸的,不是既济的初爻,从既济的初爻一下又掉到未济的初爻,说明不知节制就掉得快,由此我们也可以看出人生的过程就是坎离、坎离。

人生就是不断的水深火热、水深火热,这样的安排正是上天的美德。上天是想要借此告诉我们人生应该步步为营,安步当车,凡事着急不得。所以孔子才有这样一句话,"尽人事,以听天命"。

最后,我们祝福大家天命都很好,希望大家读《易经》每次读都有更深刻的领悟,人生可以越走越顺利,最好还可以带动家人、朋友学习《易经》的智慧,这样整个社会就和谐了。

曾仕强教授出版著作

类别	序号	书 名	定价
易经解析类	1	易经的奥秘使用手册	80.00
	2	百家讲坛——易经的奥秘	30.00
	3	易经的奥秘（典藏版）	58.00
	4	易经的智慧6	36.00
	5	易经的智慧5	36.00
	6	易经的智慧4	36.00
	7	易经的智慧3	36.00
	8	易经的智慧2	36.00
	9	易经的智慧1	36.00
	10	易经中的管理智慧	36.00
	11	易经良基（共六册）	192.00
	12	易经良基·中（共六册）	192.00
传统文化类	13	道德经的奥秘	36.00
	14	道德经与罗浮山	39.80
	15	长安家风	39.80
	16	孝经给现代人的启示	30.00
	17	孝就是道	30.00
	18	坤道——曾仕强教做出色的中国女人	39.80
	19	为官之道	30.00
	20	大学之道	30.00
	21	论语的生活智慧(上、下)	64.00
	22	论语给少年的启示	58.00
	23	论语给青年的启发	68.00
	24	论语的现代智慧	68.00
历史点评类	25	曾仕强点评三国之道：论三国智慧（上、下）	86.00
	26	曾仕强点评三国之道全集	128.00
	27	百家讲坛——胡雪岩的启示	30.00
	28	曾仕强评胡雪岩	29.80
	29	中华文化的特质	26.00

咨询热线：010-69292472